建築家・休兵衛

伊藤ていじ

編集——建築思潮研究所
発行——建築資料研究社

装幀――向井一貞

目次

口絵／**吉島家住宅**

正面。屋根を板葺からセメント瓦に葺き替えるとき、軒先は三十センチほど切り取られてしまった。それから数年して彼は生まれた。成長し、東京放浪ののち今ここに住んでいる

9　吉島家住宅

大戸口。酒醸造のしるしとして杉玉が吊り下っている。昭和二年ころ廃業した

火垣。左側が母屋、右側は隣家

箱庇。庇を箱構造で支える。箱の枠は幕掛でもある

全景。火垣の向こうに前庭の赤坂が見える

だいどこ　　なかおーえ　　おーえ

右頁写真／どーじからおーえ、だいどこを見る。いろりは炭火である

おーえ、なかおーえを見る。右頁写真と違って黒ずんでいるのは、親切な人が科学雑巾で拭ってくれたからだ

だいどこからどーじを見る。だいどこは家族食事の場。どーじ向うはむかいだいどこ。働いてもらっている人の食事、憩いの場

牛梁。構造上重要で最も太い梁をうしばりという。乾燥による亀裂を考えての背割も、棟梁にとってはデザインなのだ

まえにわからぶつま、ほんざしきを見る。最高の客はここから入る

ほんざしき床の間。掛軸は篠田桃江先生の墨象

ほんざしきからうらにわを見る。庭の向うに本蔵がある。つまり今の彼が住んでいるところだ。私が初めて訪れたとき、手前の縁板はトラバーチンの大理石のような色をしていて顔が映るかと思われるほど輝いていた。そしてふだんは桐の板がかぶせてあった

かづきからぶつま、はなれを見る。かづきは斐之さんの居室だった

みせ2階。左の障子をあけると表通りが見える。奥の部屋は働いていた人たちが寝起きした部屋

まえにわからちゃしつを見る。茶室は杉戸より左の部分。右の沓脱石は、ぶつま、ほんざしの上りくち。右端窓つきの部屋は六帖のはなれ（ぶんこくらまえ）

ほんぐらの前廊下。彼はいまこの蔵の二階に住んでいる。スタジオでもある

いど。いまこの井戸をめぐってギャラリーになっている（一九六・一九七頁参照）

●重要文化財　吉島家住宅
明治38年火災後に再建・棟梁／西田伊三郎
大正12～14年土蔵移転新築・棟梁／坂下甚吉
重要文化財指定部分延床面積／489・29㎡
全延床面積／620・17㎡
全敷地面積／665・16㎡
昭和41年12月5日指定

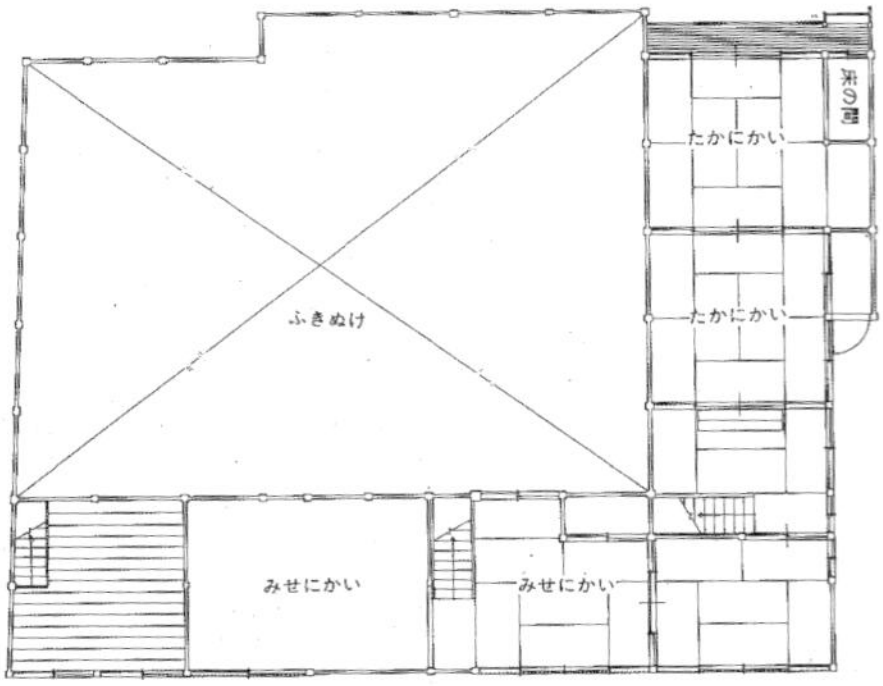

2階平面図

1階平面図　1/300

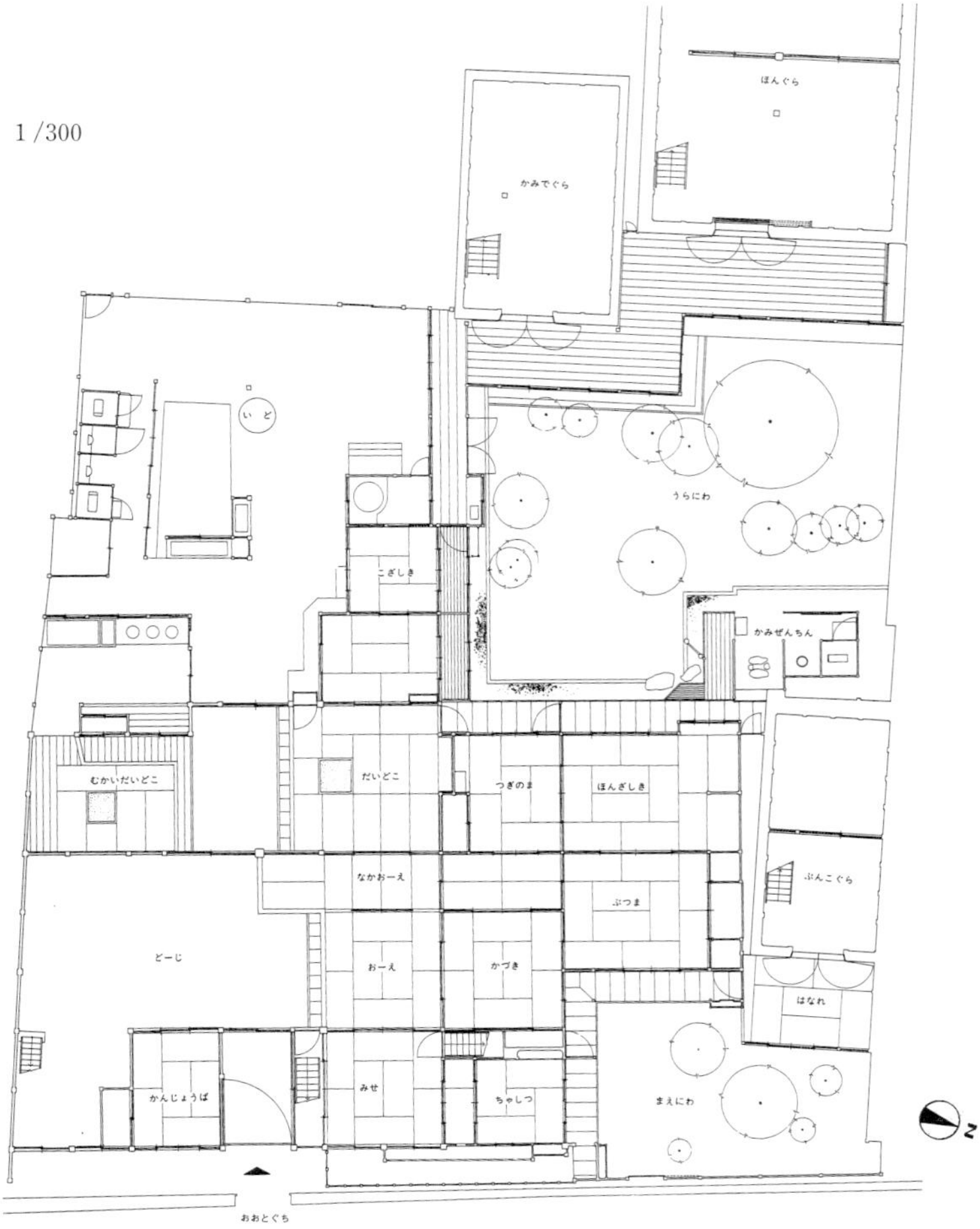

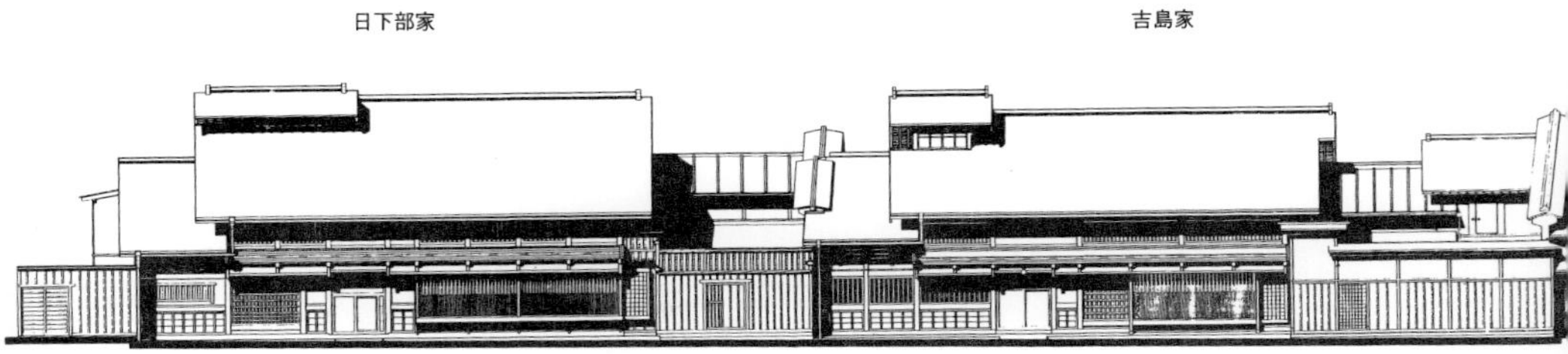

正面立面図　1/400

全体鳥瞰図

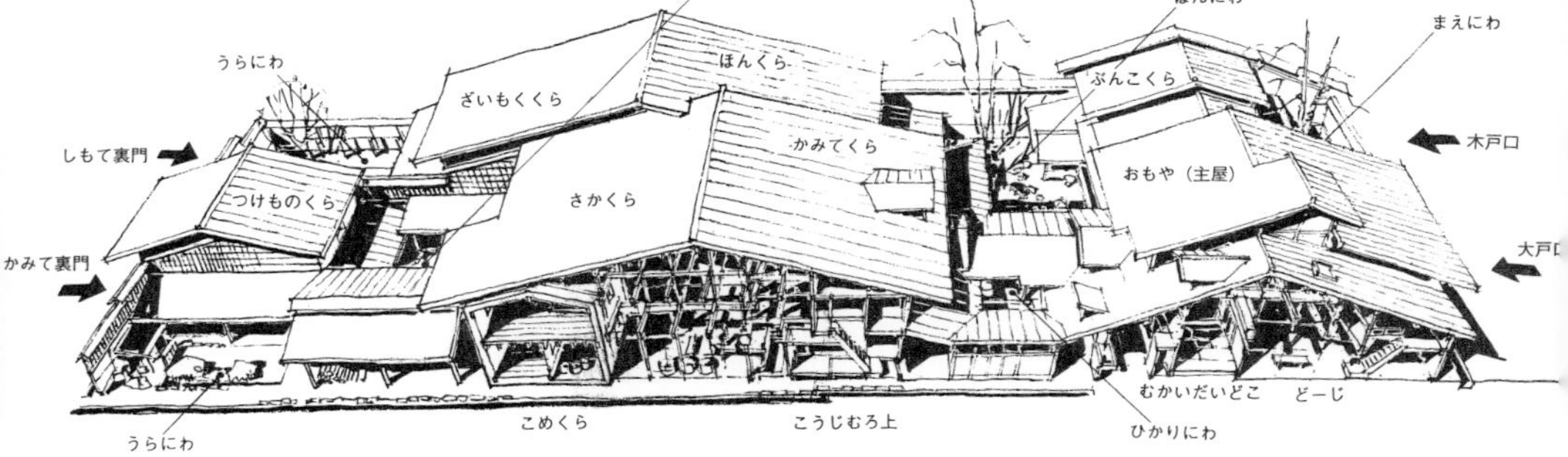

全体配置図（大正11年改築完了後）

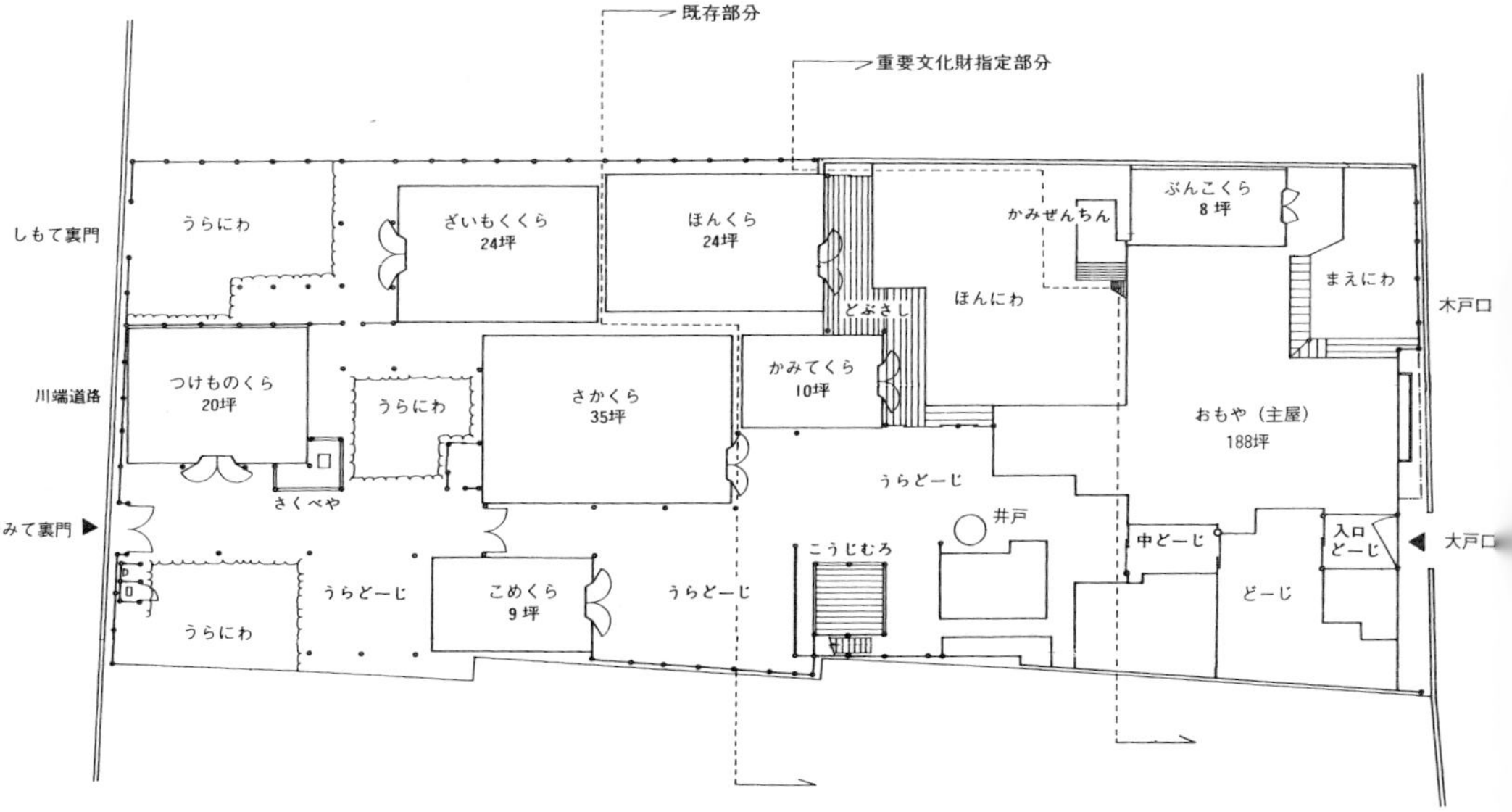

休兵衛の詩《うた》

「風天《ふうてん》とヤクザとのすきまを歩くのは、勘弁《かんべん》してよ」

風天とは、七代目・休兵衛こと吉島忠男《よしじまただお》さんであることは、明らかである。ではヤクザとは誰だ。知っているけれど、言わない。こういう不穏《ふおん》な言葉を弄《ろう》したのは、二人の間で悩まされている男であることだけは、確かである。

この本は、その「風天狂気《きょうき》」の七代目休兵衛の話である。「建築家」とあるけれど、わが国には法的にはそういう職種はない。ということは、これは専門家むきのようにみえて、実は素人むきの一般教養書なのである。

いつの時からか、こういう詩が伝えられている。

四代目休兵衛・斐之《あやゆき》は、足し算を知っていた。
五代目休兵衛・千船《ちふね》は、楽《らく》な算術《さんじゅつ》をおぼえた。
六代目休兵衛・重平《じゅうへい》は、引き算しかしなかった。

そうなると、プラス、マイナス、ゼロか。
そうでもない、まだ残っている。
それが　　　骨と血だ。
骨が　　吉島家住宅ならば
血は　　現在の七代目休兵衛の忠男だ。

この二つは、うすい皮膚《ひふ》のなかで
愛と憎しみを、縄《なわ》のようにあざない
とっくみあい、ころげまわりながら
今はもう五十年が、過ぎてしまった。
でもさすがは、七代目は六代目の子だ。
引き算の遺伝子《いでんし》だけは、引きついでいる。
　高山の人は言う。
家を建てるのは　　幸せのよい人
その家に暮すのは　幸せのわるい人
　そして彼は言う。
足し算では、建築は「日光（東照宮）」になってしまう。
現代の建築も伝統の民家も引き算によって、生まれた空間と形態だと。これは、もっともらしい。でも明日の台詞《せりふ》も、聞きたい。これだけでは何よりも論理のすりかえだ。

鍛冶橋《かじばし》なら分りがいいと、教えられ
みたらし団子屋があって
乗鞍《のりくら》は、いずこの方向とも見えず
宮川《みやがわ》の水は、昨日のように流れていた。
「おぼえています。昭和三十年（一九五五）、そう、七月下旬のことだったと思います。
夏休みに入って、後藤（昇）が高山へ帰ってきていて、会っている時でしたから」

高山の町並み

と言うから、私が彼と最初に出会ったのは、その年のことなのであろう。私の記憶はさだかではないが、その頃のことではある。彼のお父さん、つまり六代目の休兵衛さんが、「アイリス」という食堂からハヤシライスをとって下さって、ご馳走《ちそう》になったことしか覚えていない。当時の彼は、斐太《ひた》高校の一年生。この学校は進学校で、卒業の男女生徒が、三福寺川《さんぷくじがわ》で「白線《はくせん》流し」をすることで知られている。時に彼は、十五歳である。

同じ十五歳でも、お父さんは。それは、大正六年（一九一七）の十月のことであるが、鉄道院総裁《そうさい》の後藤新平《ごとうしんぺい》と出あっている。家の前の通りは、昔は越中街道《えっちゅうかいどう》だったと言われると、信じられないくらいの脇道の感じであるが、総裁の一行は人力車を連《つら》ねて、富山の方向に向けて進んでいた。飛騨鉄道（今の高山線）敷設《ふせつ》計画を決定しなければならないので、視察に来ていたのである。

この旧家の少年は、竣工してちょうど十年の自宅の前で、この行列を見ていた。人力車の数を六十まで数えたが、行列は続き果てるともないので、数えるのをやめたという。

つまりこれは、彼は鉄道時代に生まれたが、お父さんは、文明の利器が、江戸時代の高山に訪れはじめたころ、生まれたことを暗示している。そして吉島家の新築の家は、高山の他の町屋と同じように、まだ板葺《いたぶ》きであった。

「中学生のときは、級長していて優等生。女生徒の票を集め、大野とは一、二番の成績を争ったものです。でも高校に入ると、家は貧乏になり、成績もわるくなり、みそかには三十店くらいから請求書《つけ》がきて、払えないからおふくろはあやまり通し。同級生の一人が味噌《みそ》・醤油《しょうゆ》屋で、「たまには払えよ」と言われる始末《しまつ》」

私は、彼に最初に会ったときの年を尋ねただけなのに、余計なことを数えてくれる。

前夜、私が泊まったのは、総和町《そうわちょう》の正文荘《せいぶんそう》。森美津子《みつこ》さんという未亡人の方の経営で、建物は、呉服屋さんの別荘を借りたもの。板塀で囲われた門つきの屋敷で、庭に面した座敷が私の部屋だった。相客《あいきゃく》はいない。電話は、高山二局の二二一番で、おぼえやすい。そしてこの宿のわきを、南北の国道四一号が走っていて、そこでは四人の子供が野球をしている。自動車など、めったに走らない時代ということである。

私が彼と会ったといっても、学校鞄《かばん》を右肩から掛けている彼のうしろ姿を見ただけで、声をかけあったわけでもなければ、お辞儀とか会釈《えしゃく》をしあったわけではない。

目の前の着物姿のお父さんだって、つまり六代目の休兵衛さんだって、ドージ（土間）を二つに仕切っている大阪格子の戸を背にして立っておられるだけで、一向に返事がない。そういう場合には引き返して失礼《しつれい》して表通りへ出るのが作法だろうけれど、

「こんな凄い町屋を見たことない。飛騨の匠の住井《すみい》兵太郎さんが、二軒ともいい、日下部《くさかべ》さんの方は「はで」で、吉島さんの方は「こうと」とおっしゃったが、それがこういうものか」と、私は驚天《きょうてん》しているから、そこから立ち去ることができないでいたのである。二川さんは「この家はいいぜ」と撮影を始めている。

こういう出会いの家族の方々と、生涯のつきあいになるとは考えもしなかった。これからあとは泥《どろ》まみれのつきあいで、私は長く療養生活をしていた後のことで、世を捨てた気持でいたから、泥をかけられてもなんとも思わない。それどころか、それがまあ、お互いに突きはなされた関係がなんとなくいとおしく、お互いに腹を立てたことがない。

「腐《くさ》れ縁」とも思ってはいないけれど、「赤い糸で結ばれている」などという粋《いき》な関係でもない。

そういうわけで、『建築家・休兵衛』なる本を書こうと決心して、前の年、つまり平成十一年七月二十二日、東京では雷鳴《らいめい》がとどろき、これで梅雨《つゆ》もあけるのかと思われる日、葉書《はがき》を送って、約束した。そうしたら彼は、私の葉書のコピーをつくって、各所へ配付していたのだ。

そして今年になって、つい最近の五月二十五日、上京してきた彼と会うことになる。

「僕なんか、先生のまな板の上にのっているようなものです」

と何もかもお見通しでしょうと、おだてるようなことを言いながら、私がこれから書き始めるであろう原稿の内容について、いろいろと指図を始める。親切ではあるが図々しい。

「先生、こう書くといいですよ」

彼は、生まれてこのかた天動説《てんどうせつ》の人で、他人は自分のまわりを廻っていると信じていて、それが始めのうちは分らなかったが、五十年も経った今は、そう簡単にひっかかりはしない。

「資料を持ってきました」

と、買物袋から出し始める。彼は親切なのである。中学校時代の賞状九枚。大学時代の成績証明書。これがなんとその日の午前中にもらってきたものだ。洋装本六冊、和装本三冊。それに「平成十一年度　所得税青色申告書」のコピーまで持ってきた。

「先生は僕がいい加減な経営をしていて、カネにだらしないとお思いでしょう。この通りちゃんとやってるのですから」

「それにしても中学生時代の成績通知表がないね。あの、ほうら、成績は優秀だけれど、「若干《じゃっかん》お人よしの感《かん》より」と評価されていると言っていたやつさ」

「あ、あれは、小学校の時のものです」

彼は、わざと持ってこなかったのである。彼は、情報を選択することを知っている。

この吉島忠男さんは、襲名《しゅうめい》しているから、今は「七代目・吉島休兵衛である。文化庁の『国宝・重要文化財建造物目録』をみると、吉島家住宅の所有者は「吉島休兵衛」であるが、昭和四十一年当時の休兵衛とは、彼のお父さんのことで、今の休兵衛は彼のことである。襲名制度のいいところのひとつは、実体が変っても目録の名前を訂正しなくていいところにある。

そのお父さんが亡くなられたのが、八年前の平成四年（一九九二）の九月。お母さんの佐意《さい》さんは、同年の四月。彼の話によれば、そのときたまたま三百万円の設計料が入って、「おふくろは、そんな多額のカネを見たことないから、驚いて倒れてしまった」と言う。でもこれは、割り引きしなければなるまい。三百万円持っていたのは事実だけれど、一ヶ月まえの三月には、国民金融公庫から四百五十万円を借りていたのだから。

それはともかく編集事務所を開いている中谷正人《なかたにまさと》さんから、電話がかかってきた。

「いま、高山にいまあす。吉島さんと一緒です」

話しぶりから、飲んでいるところらしい。

「襲名式と披露《ひろ》宴をしましょうよ。篠田監督さんの演出で。もちろん「ほんざしき」です」

この話は、そのままで、今でもくすぶったままである。ではあるが、この本の題名を『建築家・休兵衛』としたのは、そういう由来《ゆらい》からである。

高山格子《たかやまごし》の家

彼が生まれたのは、昭和十四年（一九三九）十二月二十四日。父・六代目休兵衛は、三十九歳（当時は数《かぞ》えであったから四十歳と言っていた）。母・佐意《さい》は三十三歳。三人の姉がいて、彼は末子《すえっこ》で、男としては一人。つまり嫡子《ちゃくし》である。家族は、祖母、両親、姉三人、お手伝いさん二人の計八人。これに通いの番頭さん一人に通いのお手伝いさん二人。彼は、近所のまわりでは「ボッチャン」、お手伝いさんからは「ボッチャマ」。小学校時代の友人からは「ヨッチン」、悪がきの上級生からは「ドジョンボ(ドジョウのこと)」とよばれていた。一人息子《むすこ》であるから甘やかされていたかというと、そうでもない。跡継《あとつ》ぎだからきびしく叱られていたかというと、そうでもない。らしい。でもそこは旧家の育ちというもので、畳の上は「すり足」で歩き、畳縁《へり》は踏《ふ》まないは当り前とし、階段は、「かかと」で下《お》りることはしない。

そういうことは、身についている。

家業の酒造業は、すでに十二年まえに廃されていた。ということは、廃業し働かなくても生活できたということである。それどころか、吉島家は、貴族院における多額納税議員を互選する資格をもっていたのだから、裕福な家だったということになろう。

その証拠にお父さんはぜいたくで、ハイカラな趣味を持っていた。大正から昭和にかけてのことである。フランス製の九ミリ半の撮影機とアメリカ製の八ミリ撮影機を持っていて、自分の現像室をもち、映写し楽しんでいたのである。息子からいわせると「シネキチ」「カメラキチ」の「クソオヤジ」で、コウジモロ（室）が現像室だった。

　こういう趣味は趣味。それはよいとするとしても、問題は生涯働くことをしなかった人である。高山ではこういう人を、「楽《らく》な人」という。そして「こういう人には、あとで祟《たた》りがある」と伝えられている。

　こう書くと六代目の休兵衛さんは、一生遊びほうけて遊んでばかりいたかのように思う人がいる。そしていまひどい状況にあるのは、自業自得だと噂する人がいる。

　でもこれは、まちがっている。「おカネになる仕事」をなさった事がないだけで、「おカネが出るばかりの社会貢献」をなさってきた方だ。「文字通り身銭《みぜに》を切ってね、と、私は強調したい」。特に高山別院を通しての社会貢献と言ったら大変なものだ。

　吉島さんの家は、買い物はすべて年末払いだった。ふだんは味噌・醬油から衣裳に至るまで「付け」ですんできた。もともと高山はそういう町だった。ところが吉島家は、年末に払うカネがないのだ。当然のなりゆきではあるが、それが息子に及ぶというわけ。「おい、いっぺんくらいカネを払え」。と、息子の忠男君は、同級生にいじめられていたわけだ。そこで忠男君は、子供心に思う。

「おやじは、体面ばかり気にして生きていて」と。でもこれが、旧家というものの道徳のなせるわざなのである。

「僕は、その頃から、この家が嫌いになってしまいました。本願寺のご連枝《れんし》様《さま》が高山別院へおいでになって、宿泊所は僕の家。もてなしは、すべて僕の家もちでしょ。僕の家は講頭《こうがしら》でしたからね。

ご連枝様がお帰りになって、それからもまた大変。使った衣裳やふとんの虫干《むしぼ》し。部屋の障子を取り払って綱《つな》をわたし、乾いた秋風が通りぬけていく。それは花やかにも美しいけれど、冬の季節にふところ下の肌も透《す》けているような感じで、淋しい風景でしたね」。

彼が生まれた年には、ヨーロッパでは第二次世界大戦が始まり、わが国は日中戦争の泥沼に落ちこみ、高山の写真館の息子の細江光洋《こうよう》さんは、親の代理で白川郷に出かけ、出征兵士の家族・親戚一同の写真を撮り、海軍の艦載機「ゼロ戦」の試験飛行に成功していた。とするとこれらは、数年後には彼の家が零落《れいらく》の淵《ふち》に沈む前ぶれだったことになる。といってこういう現象は、彼の家だけに起きたわけではないから、とやかく言うことはなかろう。深刻になったのは、楽な生き方の祟りのせいである。そして五代かけて蓄積した財産の売り喰い。切り売りの生活が始まり、それも二十年で底をつくことになる。

私が六代目休兵衛さんとお会いしたのは、奈落《ならく》の底へ落ちつづけている途中であったことになる。高山の商家では、庭に「花梨《かりん》」の木を植えて、カネは「借りん」と称して、いましめとしたものであるが、背に腹はかえられないから、家・屋敷を小刻みにし担保にしてカネを借りる。返却する計画など、始めから持ちあわせていないし、返さないから、担保は少しずつ他人に渡る。

それもやむをえないとして、それをうわまわる問題は、「虚飾《きょしょく》」である。旧家では虚飾は悪徳でなく聖なる義務である。学校や高山別院に寄付し、他郷へ出かけるときには春慶塗りの盆や文箱《ふばこ》を手土産《てみやげ》にし、お客が訪れたらご馳走《ちそう》する。貧《ひん》してもそういう家計のやりくり方針であるのを知ったのは、あとのことである。
だいたい彼のお父さんは、悠然としていて無口なのだけれど、思い出したように昔のことを教えてくださる。

「高山には、大正ころまでは六匹の古狐《ふるきつね》がいました。
小糸坂《こいとさか》の又左衛門《またざえもん》　これは男狐《おきつね》
山田の太郎は　別嬪《べっぴん》に化《ば》けるのが上手《じょうず》
屁《へ》こく坂の次郎助　今の浄水場あたり
法華《ほっけ》の八兵衛は　人にとりつく
山王《さんのう》のお吉《きち》は　女狐《めぎつね》
浄光寺のお光《みつ》は　今の花里《はなさと》町一丁目あたり」

そしてこういう話なのである。
男と女がいた。男は、休兵衛さんの小学生時代の同級生の景太郎。女は、「浄光寺のお光」だったのである。
二人は手をたずさえ、丹生川《にゅうかわ》村の夷《えびす》峠を越えて荒城川《あらきかわ》を渡ると、谷は突然ひらけている。桃の木の林があり、清らかな小川が流れ、そのあたりは野芝《のしば》の原っぱになっている。
そこで二人は、狂ったように踊りつづける。くるくる舞っていた男が目をおとした先に、石の墓が見える。高さ八寸（二四センチ）ばかり。名前が刻んである。

「烏山《とりやま》景太郎之墓」

自分の墓なのだ。自分は死んでいるのだ。それを女に悟《さと》られまいと、前よりいっそう勢《いきお》

高山格子（右）冥土への出口

いよく舞い廻る。よくみると抱きよせていたはずの女がいなくて、自分ひとりなのだ。そしてその自分の姿もうすれていき消えていってしまった。

ざっとそういう話なのだけれど、「浄光寺のお光」なる女狐《めぎつね》も同級生の景太郎もいなくなってしまい、目撃者がいない話である。それに踊っている場所が、桃源郷《とうげんきょう》の風景に似ているし、高山の周辺に桃の林があるともみえない。作り話くさい話ではあるが、そういうことをなさる方ではない。

「家はね、生まれて死ぬとこでしょう」そうだ町屋というのは、そういうところである。今の住宅とは違う。今は病院か産院《さんいん》で生まれ、病院で死ぬ。自分の家で生まれて死ぬのは、むつかしい。

七代目休兵衛になる忠男さんも、この家で生まれたのである。生まれる部屋はきまっているのだけれど「そこがどこでしたか」などと、そこまで立ち入って尋《たず》ねるのは失礼と思うから、想像だけはしてみる。文庫蔵の前の部屋かな、「かずき」という八畳間かな、本《ほん》庭《にわ》に面した「ほんざしき」のとなりの部屋かな、などと。

と、六代目休兵衛さんは教えて下さった。この家には、「死んだ人が家から旅立つための口《くち》が作ってあるのです」と。

表通りに立って吉島家の正面を見る。右の方には、二間半にわたって千本《せんぼん》格子の出格子《でんごし》がある。左の方に大戸口《おおとぐち》があり「二引両《ふたつびきりょう》」なる紋の暖簾《のれん》がかかり、ここは家族や普通の客の出入口である。

その両者の間の幅一間《いっけん》の柱間《はしらま》は、木連《きつれ》格子になっている。ほぼ正方形の升目《ますめ》で、横で七コマ、竪《たて》で十コマ、合せて七十コマで構成されている。この格子は、嵌《は》めこんであるだけだから外《はず》すことができる。

これを高山では「高山格子」という。高山の人が「高山格子」というのも、おかしな話である。よその土地の人がそう言うなら分る。それにこの形式の格子は、高山より北の国府《こくふ》町や古川《ふるかわ》町にだってあるし、飛騨中にはかなりある。

それはともかく高山格子を外すと、次に引違いの二枚障子が入っている。もちろん、これも外すことができる。

そのむこうは、上中下三段の「蔀《しとみ》」戸で、これをすりあげると、一間の柱間は開放になる仕かけになっている。なるほどこうなっているのなら、ここから出棺《しゅっかん》することができる。

「この仕かけは面白いでしょう」と、忠男さんのお父さんは、愉快そうに教えてくださる。これは、たしかに嘘ではなさそうである。心なしかお父さんの微笑は、何かをまぎらすかのように、私にはみえた。十四歳の時の大正四年（一九一五）の斐之《あやゆき》さん、二十六歳の時の昭和二年（一九二七）の千船《ちふね》さんを、ここから送り出した時のことを思い出されたのかもしれない。

高山の人の殆んど全部は、死ぬのは自宅であった。家族や親戚の人たちは、枕もとで看《み》とる。およそ死んで行くことは苦しいものである。その苦しみの姿を、人は見なければならない。たとえ善根《ぜんこん》を積んでいても、生《しょう》を終るにあたっては苦しまなければならない。そして息き絶えて、始めてその苦しみが消え、安楽《あんらく》が訪れる。冥途に旅立てば、みんな大往生ということになっている。

そういう人を、この高山格子の柱間から送り出す。ではここは出口か。たしかに出口である。しかしそれと同時に出発の口でもある。この家は真宗だから、死者は弥陀《みだ》のもとに旅立ち、浄土で生きる。迎えに来た阿弥陀のもとへの出発点である。枕経《まくらぎょう》を読むと次の一節が出てくる。

「往生安楽国《おうじょうあんらくこく》」

そして出棺のあとでは、蔀戸はおろされ、障子が入れられ、高山格子が嵌めこまれる。このことを始めに教えてくださった六代目の休兵衛さんも、九十三歳で、妻の佐意さんの方は八十六歳で、ともに平成四年に亡くなられている。ではお父さんもお母さんも、高山格子から出られたのか。お二人とも亡くなられたのは、病院である。ここから出ることはない。久美愛病院には高山格子はない。

「どうして、ここからお父さんとお母さんを、送らなかったのだ」

私は、彼を責める。

「え、なんですって？　たしかに病院で亡くなりましたよ。でも一度家に帰ってきました。おやじはね、義兄と二人で、おふくろは、私が背負《せお》って、自分の車に入れて。「ぶつま」で北枕に寝かせ、翌日には棺に納め、高山格子のとこを通って、暎芳寺《えいほう》へ。ここは別院の末寺です。そして通夜《つや》と葬儀。焼場《やきば》へ送ったのは、午後一時ころでしたかね」

高山では、今でも葬式は、近所の人が集まってすることになっている。香奠《こうでん》も持ちよりで葬式代の一部となり、同額のものが返されることになっている。

「近所の方は、ちゃんと分っていて、高山格子を外してくださいました」。地域社会は生きているのである。彼に言わせると、彼の家にかかわる地域組織だけで、十二種類もあるという。彼が秋祭りの日に、組紋の入った花傘《はながさ》つきの高張提灯《たかはりちょうちん》を立て、幕掛《まくかけ》には幕を張り、一文字笠《いちもんじ》に裃《かみしも》姿で出むくのも、地域社会はなお生きつづけ、彼はそのメンバーのひとりとして義務を果すためである。

それにしても高校時代までの彼は、この家のどこに住んでいたのか。母屋だけでも百八十八坪で、部屋の数は、二十もある。けれども子供部屋といわれる個室というものが、見あたらない。日本の現代住宅の大部分は、吉島さんの家に較べれば、ちっぽけなささやかな規模ではあるが、どの家でも例外なくといっていいほど子供のための個室がある。しかもそれに鍵がかかるときている。ところが吉島さんの家の二十室のどの部屋にも鍵のかかる部屋はない。プライバシーがないといえば、そういうことになろう。

でも吉島さんの家で、「あなたの部屋はどこでしたか」とか、「子供部屋はどこですか」などという質問そのものが、的外《まとはず》れなのである。

吉島さんの家は、町屋つまり民家なのである。そして民家には、歴史はじまって以来「個室」という概念がない。個室は近代が生みだしたものである。部屋の数に関係なく、吉島さんの家のように数多くあろうと、部屋の機能は固定しているわけではない。あるいは考えようによっては、畳敷きの部屋はすべて寝る所なのである。

部屋の機能は、そこに配される家具によって決定される。食膳とか食卓がおかれれば食事室となり、同じ部屋に敷きぶとん、掛けぶとん、枕などの寝具がととのえられれば寝間《ねま》、今風《いまふう》にいえば寝室となる。「ほんざしき」には床、棚、書院が構えられているから、客をもてなす部屋だけに限られているかといえば、そういうものではない。病人が寝ていれば

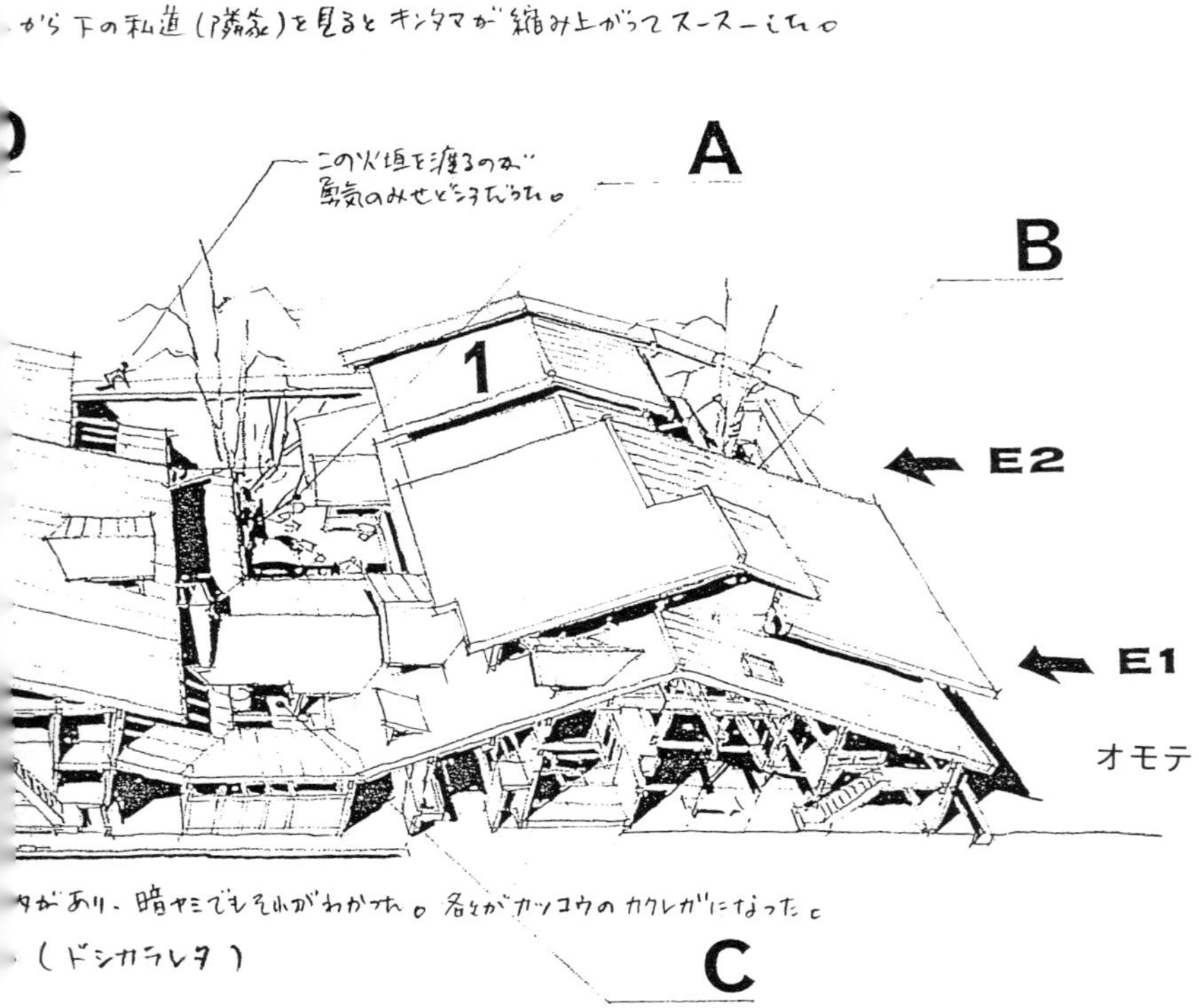
から下の私道（隣家）を見るとキンタマが縮み上がってスースーした。
この火垣を渡るのが
勇気のみせどころだった。
A
B
1
E2
E1
オモテ
があり、暗ヤミでもそれがわかった。各々がカッコウのカクレガになった。
（ドシカラレタ）
C

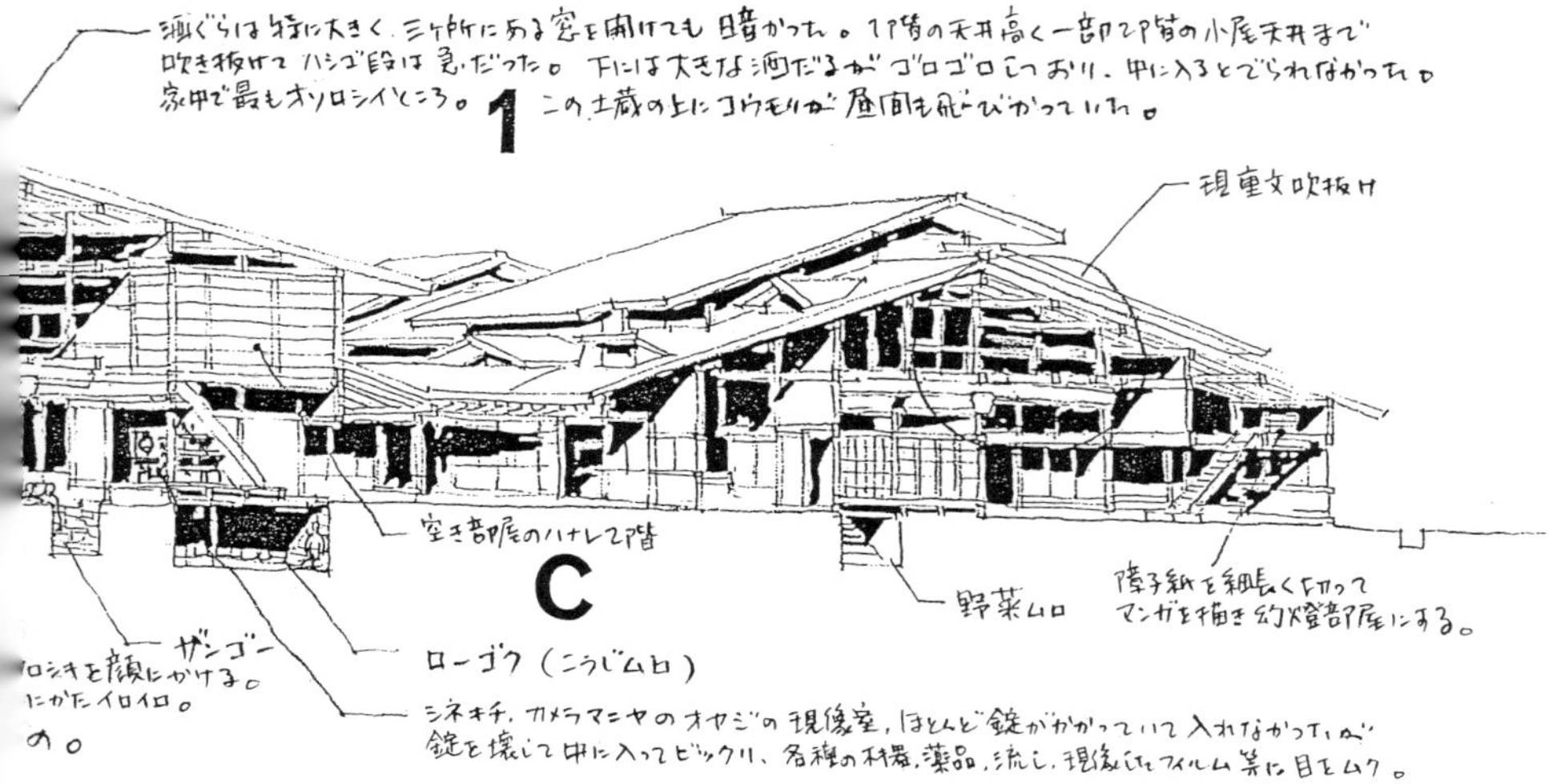
酒ぐらは特に大きく、三ケ所にある窓を開けても暗かった。1階の天井高く一部で2階の小屋天井まで吹き抜けでハシゴ段は急だった。下には大きな酒だるがゴロゴロしており、中に入るとでられなかった。家中で最も才ソロシイところ。
1
この土蔵の上にコウモリが昼間も飛びかっていた。
現重文吹抜け
空き部屋のハナレ2階
C
野菜ムロ
障子紙を細長く切ってマンガを描き幻燈部屋にする。
ザンゴー
ロシキを顔にかける。
にかたイロイロ。
の。
ローゴク（ニラじムロ）
シネキチ、カメラマニヤのオヤジの現像室。ほとんど錠がかかっていて入れなかったが錠を壊して中に入ってビックリ、各種の材料、薬品、流し、現像したフィルム等に目をムク。

忠男さんの空間の使い方（昭和22年から28年ころ）
少年時代の自分の姿を、彼は今でも思い浮かべることができる。失なわれた部分が復元できる図面を書き起こすこともできる。復元は私の使命という

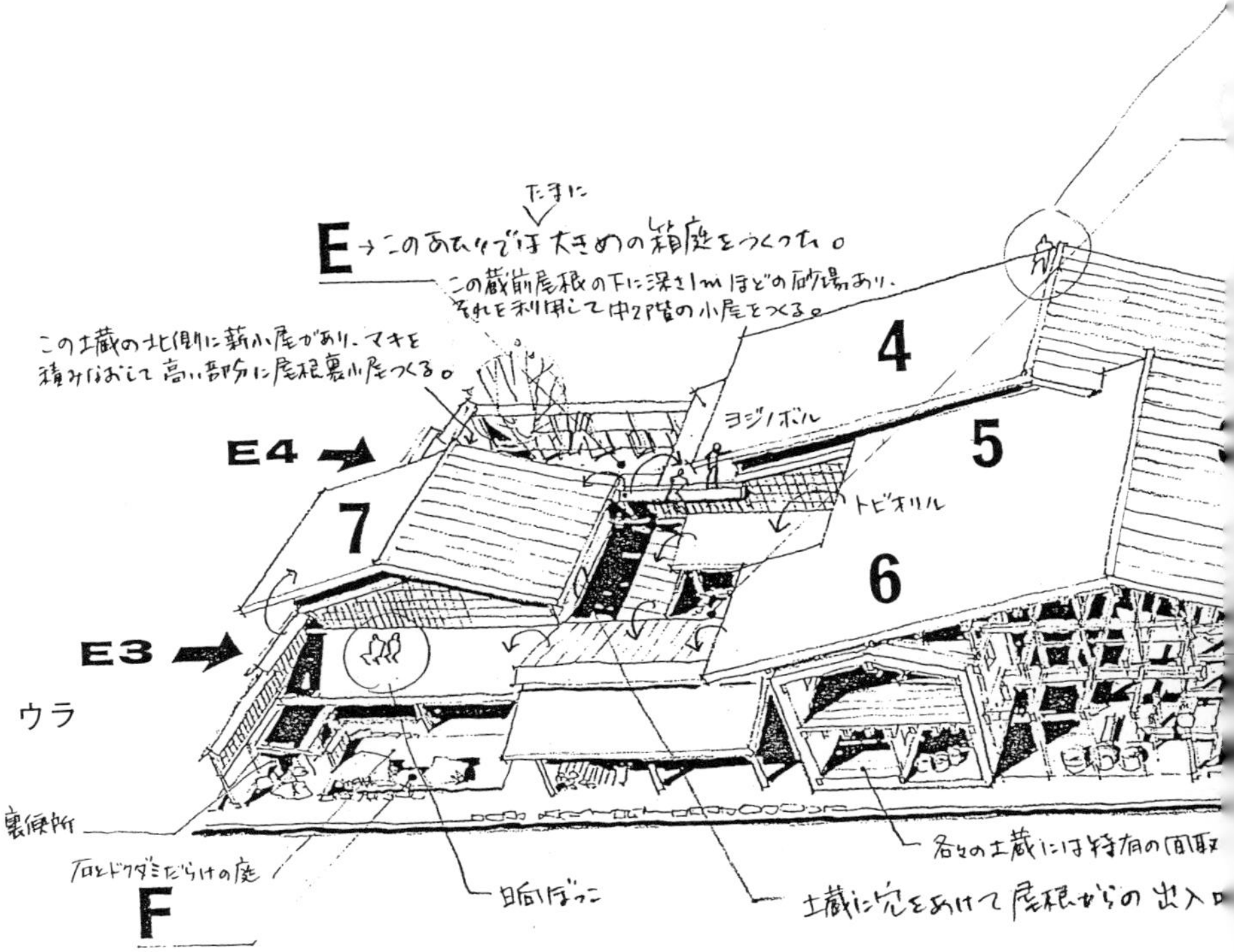
たまに
E→このあたりでは大きめの箱庭をつくった。
この蔵前屋根の下に深さ1mほどの砂場あり。
それを利用して中2階の小屋をつくる。
この土蔵の北側に薪小屋があり、マキを
積みなおして高い部分に屋根裏小屋をつくる。
4
ヨジノボル
5
E4
7
トビオリル
6
E3
ウラ
裏便所
石とドクダミだらけの庭
F
日向ぼっこ
各々の土蔵には特有の間取
土蔵に穴をあけて屋根からの出入口

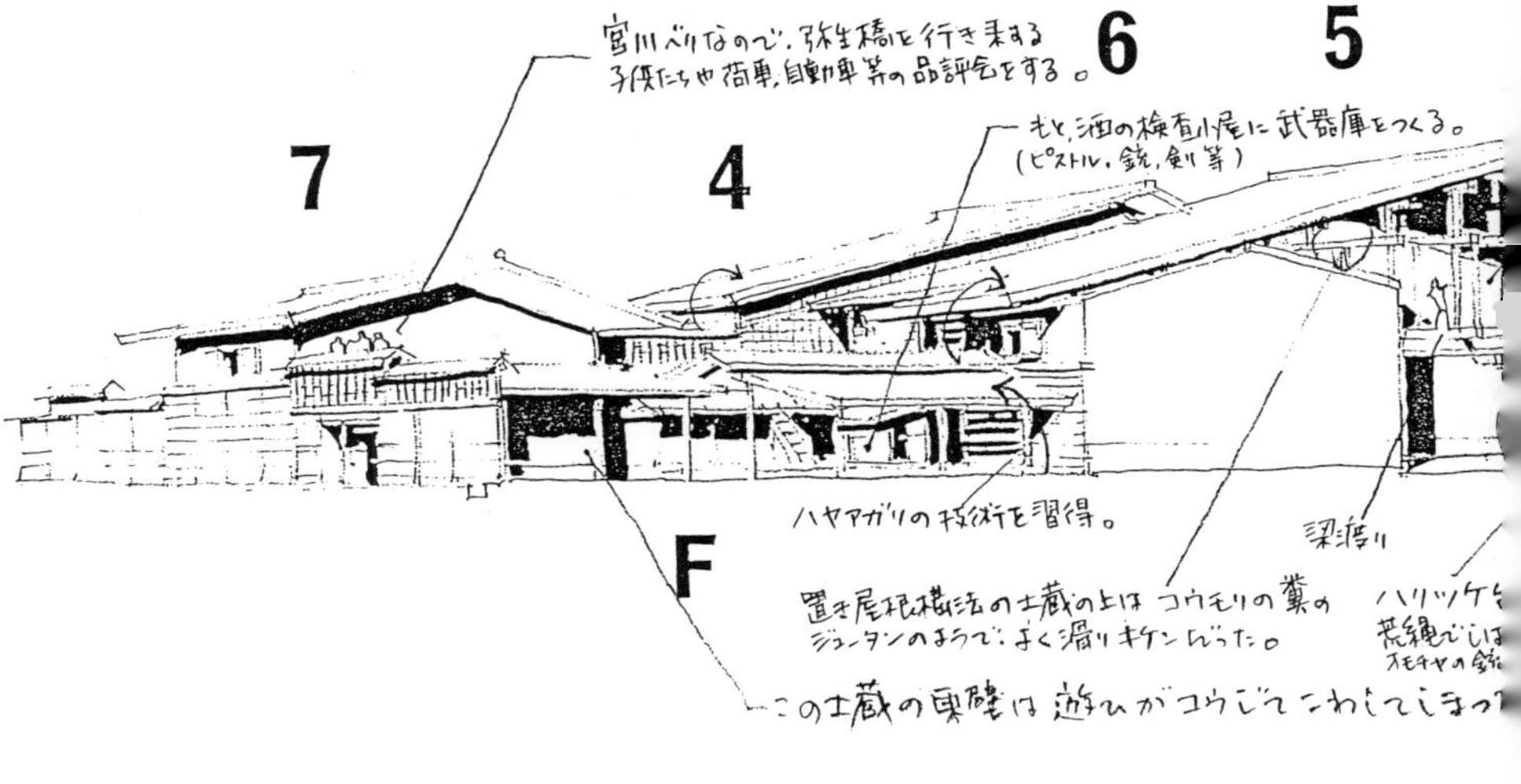
宮川べりなので、弥生橋を行き来する
子供たちや荷車、自動車等の品評会をする。
6
5
7
4
もと、酒の検査小屋に武器庫をつくる。
(ピストル、銃、剣等)
ハヤアガリの技術を習得。
梁渡り
F
置き屋根構法の土蔵の上はコウモリの翼の
ジュータンのようで、よく滑りキケンだった。
ハリツケを
荒縄では
オモチャの銃
この土蔵の東壁は遊びがコウじてこわしてしまっ

病室なのである。

小・中学校および高校時代の彼にとっての家具は、両手で容易にもちはこびできる勉強机であり、これまた至って軽く小さな書棚である。彼はその二つを持って、各所へ転々《てんてん》と移動する。

「ぶんこぐら」の前の「はなれ」の六帖は、前庭に面した静かで落ちついた部屋で、塀ごしに歩く人の気配《けはい》もうかがえて、なかなかに趣《おもむき》のあるよい部屋ではあるが、末子《ばっし》のかなしさ、いつも姉たちに占領されていた。

彼の部屋は、つぎつぎと変っていった。気まぐれで、別に法則があったわけではない。八帖の「みせ」、これまた八帖の「かずき」、六帖の「しもでみせ」、奥行き三十センチほどの床《とこ》つきの「つぎのま」、本蔵《ほんぐら》・上手蔵《かみてぐら》まえの板敷きの「くらまえ」、そして二階のいちばん奥にある「たかにかい」。これは床の間つきの八帖間で、縁《えん》がつき、外を眺めると、庭木の向うに「ほんぐら」と「かみてぐら」の屋根が見えていた。

そして彼にとって最も魅惑《みわく》的だったのは、麹室《こうじもろ》の「裏二階《うらにかい》」という部屋だった。母屋を通りぬけ、井戸前《いどまえ》の光庭《ひかりにわ》を横にみて、大屋根下に入ると、二間《けん》四方の建物が麹室である。麹室は地下にある。ここに居つくようになったのは、高校二、三年生の時で、このころはもっぱら宮川沿いの道に開いている裏門から出入りしていた。

「ここには、母屋よりも高い大屋根が架《か》けられていて、上の方はうす暗く消え、屋根を支える束《つか》が、まるで樹木のように林立し、いくらか崩れかかった白いかたまりの土蔵のあいだから、細い光が落ちてきて、昼間でも土蔵のすきまには「物《もの》の怪《け》」が宿《やど》っているようで、鬼の棲《す》み家《か》のように恐ろしい空間でした。

大屋根下の土蔵と土蔵とのあいだには、おびただしい数の蝙蝠《こうもり》がぶらさがり、昼間から鳴き声をあげ、飛び交《か》い、冬になると麹室の中へ引っ越してきました。この蝙蝠は、昭和二十二年（一九四七）四月の高山別院の大火の折に逃げこんできたものです。

昼間の私は、学校友だちといっしょに、大屋根下の梁の上や屋根裏にあがって、遊んだものでした。でも子供のころは、夜になると怖《こわ》くて、とてもそこへ行けませんでした」。

吉島さんの家にあるのは、近代以前の空間である。現代がそれを求めても容易に到達することができない神秘的でダイナミックではあるが、近代の機能主義や合理主義のイデオロギーとは無関係のものである。

近代の住宅には個室というものがあって、原則として個人のプライバシーは守られている。個室のない住宅など、嫌われるというより、拒否されている。

それではこの吉島さんの家では、プライバシーがなかったのか。そういうものではない。広い家には広い家なりのプライバシーの守り方があった。何よりも距離が、壁の役割を果していた。この広い空間に散在して住みわけしていれば、お互いに離れていることでプライバシーは保たれていることになる。ことに「麹室」の裏二階となると、ほとんど誰もといってよいくらい来ることはない。

そしてもうひとつ重要な守り方があった。なるほど鍵のかかる襖や障子などありはしない。でも建具の開《あ》け閉《た》てには、礼儀作法というものがあって、突然に開けられ、踏みこまれるということはない。だからこういう家では、躾《しつ》けとして礼儀作法を身につけることが求められていて、躾けるのは学校ではなく親だったのである。

それはともかく彼が生まれたころこの家に残っていたのは、居住の機能だけで、他の三つの機能は失なわれていた。失なわれていたのは、次の三つ。

第一は、酒造という生産の機能であり、これは、家計を支える経済的源泉の第一のものであった。母屋では、「かんじょうば」と「みせ」という室名で、名残りをとどめている。

第二は、文化のセンターとしての場であり、これは、この家の人たちの教養とかかわりあっている。この家を斐之さんこと四代目休兵衛（一八三七―一九一五）時代についていえば、和学（国学）と和歌の結社「赤檮園《せきとうえん》」の学友と門人が集まる場所であり、京の雅楽師・東儀季凞《とうぎすえひろ》から「ひちりき」を学び、「春風」の銘のある一管を吹奏する場であり、四帖半の茶室では薄茶《うすちゃ》を点《た》てて客をもてなす。

第三は、信仰の場であり、これはこの家の人たちの道徳とかかわりあっている。年に一度、母屋の襖・障子がとり払われ、「ぶつま」、「ほんざしき」を中心として報恩講《ほうおんこう》が催される。近隣・親戚の人たちが集まってくる。読経・説教・御文章《おふみさん》の読みあげがあり、最後に「おとき（御斎）」の振《ふ》る舞《ま》いがある。

この家の機能が、まるで現代の専用住宅のように居住だけにかぎられるようになったのは、昭和二年（一九二七）五代目休兵衛・千船が病没したとき以来である。

「民家」という概念の発生は、史料でみるかぎり千年も昔の平安時代末期のことで、それが完成した形式をもつようになったのが江戸時代。しかしそのころは身分社会で、民家の形式は制限されていた。高山では賄賂《わいろ》を贈れば、禁木の桧をひそかに使うといった多少の禁令破《きんれいやぶ》りは許されていた。

しかし明治は、封建的規制から町屋を解放してくれた。人々はどのような材料でどのような形式で建ててもよいことになった。そして高山の人が求めたのは、江戸時代において求めていても果せなかった町屋の形式として夢に描いていた理想の姿である。日下部さんの家と同様に吉島さんの家が明治に建てられながら江戸時代の町屋の理想を表現することになったのは、このためである。そしてこれは「町屋」の最後の花となった。

要するに彼は、その花の空間のなかで生まれ育ったのである。しかしそう言えるのは、今だからである。昭和三十年代までは、日下部さんの家と同様に、固定資産税がかかってしようがない、維持管理費もかかる、掃除が大変だ、広すぎて住みにくい。「誰か買ってくれんかな」はまだいいほうで「取りこわして駐車場にしてしまえ」という人がいた。人の価値観というものは、あてにならない。そしてこの価値観なるものは、苦しまぎれのついでに変ってしまう。でも六代目休兵衛さんには、この家については他人にはわからない思い入れがある。

なぜなら六代目休兵衛さんは、七歳の時にこの家が建てられたのを、その目で見ているからである。あの無口だった休兵衛さんに、私は「この家はすばらしいのです」と話したら、この評価のお礼を言うために、わざわざ東京へ出てこられたほどである。

土蔵（ほんくら）／ここは彼のアトリエ。大テーブルと大型ドラフターが見えている

土《ど》蔵《ぞう》住まい

それは、まあいいとしよう。それでは今の平成の彼は、二十室、百三十三枚の畳のある母屋のなかのどこに住んでいるのか。この家を建てた斐之《あやゆき》さんは、「かずき」という八畳間を、書斎《しょさい》兼寝間《ねま》にしていた。「ぶつま」と「おえ」との間の部屋で、中庭に面し、茶室に隣りあっている。彼も今はこの家の主人《あるじ》だけれど、ここにはいない。

実をいうと彼は、この母屋のどこにも住んでいないのである。母屋とは渡廊下でつながっている土蔵住まいなのである。この建物は六間に四間の二階建てである。もとは「本《ほん》蔵《くら》」といわれ、骨董《こっとう》・什器《じゅうき》・家具などが詰まっていたけれど、昭和二十二年（一九四七）の「道具の大売立《おおうりたて》」で、蔵《くら》は空《から》になってしまった。財産税を納め、生活費や子供の教育費を捻《ひね》り出すためである。そのとき彼は、旧制の高山市西国民学校の二年生であった。

このおかげで、なんとか中学三年までは、生活もまだ豊かで、端午《たんご》の節句には、裏庭に長さ十二間の竿《さお》が立てられ、五間の真鯉《まこい》と三間の緋鯉《ひこい》が吹き流れ、「弥生橋のドジョンボ」と言われていた。弥生橋は、屋敷うらを流れている宮川にかかっている橋である。

この本蔵の二階は畳敷きで、ここが彼の設計室であり寝間である。製図板六枚、ディレクターズ・チエアは七、ほかにひとつごとデザインの異なる椅子が四。今は使っていないステレオが置いてあり、三メートルほどの長さにわたって並べてある。スピーカーは、JBL製のもので、昭和四十七年（一九七二）当時では、いちおう高級機である。設計料の

土蔵のアトリエ

前渡金の大部分をあてて、手にした。CADはない。こういうものは、彼の性《しょう》にあわない。彼にとって信用できるのは、機械ではなくして、自分の手なのである。

窓はひとつ。Tシャツでかくれるほどの大きさ。母屋《おもや》との間の本庭《ほんにわ》に面している。外壁の厚みは三十センチほどもあるから、スピーカーが土蔵を震《ふる》わすほどがなり立てても、近所に迷惑がかかることはない。実をいうと彼は、ジャズ・マニアである。

そして彼は、ここに住むために、年に十六万二千円の家賃《やちん》を支払っている。なぜか。これはもう他人のものなのである。昭和三十年代におやじさんが借金をかさね、例によって返金することもしないから、貸主もしびれをきらし、隣りの上手蔵《かみてぐら》とともに、登記《とうき》がえになり、Mさんの手に渡ってしまった。

それにしても家賃は、ずいぶん安いようにみえる。安いわけだ。この土蔵は、まるで飛《とび》地《ち》のように他人の所有地の間に独立して存在し、通りからのアクセスがない。Mさんだって、それくらいの家賃にしておこうかなということであろう。

彼は自動車を持っている。でも駐車場はないから、市営駐車場を借りている。借り賃は、年に二十二万八千円ほど。この駐車場も、もとはといえば吉島家の屋敷地だったのである。そしてこの駐車場には、三十五坪の酒蔵《さかぐら》。九坪の米蔵。二十四坪の材木蔵。二十坪の漬《つけ》物《もの》蔵。酒検査《けんさ》室、作部屋《さくべや》。そして初夏の季節になると、燃えるような赤い花を咲かせる立《たち》葵《あおい》が植えてあった。この花が咲けば真夏になる。六間に四間ほどの空地である。

そして本蔵と材木蔵にかけてあったひとつの上屋根《うわやね》。上手蔵・酒蔵・米蔵、それに麹《こうじ》室《むろ》の全体にかけてあった高さ約十メートルの大屋根。これらは、昭和四十二年に市営駐車場がつくられている時に切りとられ、今はみにくい姿を見せている。彼は、嘗《かつ》てこう話し

七代目吉島休兵衛・忠男
こんないい男が今も独身とは

ていた。

「建物の外観というのは、個人のものであると同時に、公共のもの。切断され、波形のカラー鉄板の張ってある切断屋根立面を見上げると、涙が出てくる。

このあたりは、じいさんの五代目休兵衛・千船《ちふね》が、大正年間に整備したところで、それをやってくれたのが棟梁の八代目・坂下甚吉《さかしたじんきち》。この二人にたいして申しわけないと思う。でも今はおやじの六代目休兵衛と私たちを責めても始まらない」

そして彼は、こう続ける。

「私は、市営駐車場を横切って通行する許可を得て、裏口から入る。一日に数回利用するが、「既得権の行使だ」と堂々と歩けばいいのに、市の管理人のおじさんたちにぺこぺこと頭を下げる。それが、身についた習性となってしまった」。

そして彼は続ける。「未来はなお重苦しく、恥辱《ちじょく》にあふれる過去の姿が頭をよぎり、もうかりもしない小住宅の設計にうつつをぬかしている。そういうわが身の腑甲斐《ふがい》なさを悟《さと》って、腰をひくくして歩くようになってしまった。

でも、たしかに車と建物の問題は、これからの高山の保全整備計画の要《かなめ》となります。そこで私は、この家の「中興《ちゅうこう》の祖」となり、高山の伝統文化的都市の整備事業に貢献します」。いささか恰好よく言いすぎではある。

吉島さんの家の母屋は、「吉島家住宅」の名称で、国の重要文化財として指定されている。昭和四十一年（一九六六）十二月のことである。当時の彼の活動拠点は東京であったが、七年後の昭和四十八年（一九七三）に高山に戻り、自分の経歴書に「観光施設経営」

と書く。

でも観光施設では直接的すぎて、はしたないと思ったのか、最近は「文化観光施設経営」にしている。そして経営と名のつくようなふさわしいことをしているならいい。私からみると、そのようなことは「まるで」してない。でもいつも慨き、心配しているのは事実である。

「隣りの日下部さんの家には、たくさんの観光客が集まってくる。バス会社が、団体客を送りこんでくる。でもうちは駄目なのです。閑古鳥《かんこどり》です。

たまに観光客が入ってくるでしょう。このとき彼等が言う台詞《せりふ》がきまっています。

「この家には、見るものが何もない」

なるほど日下部さんは、土蔵を民芸館になさっているでしょう。私の家では、そういうことはできません。みんな売り払ってしまいましたからね。」と。

そこで私は、彼によくこう言ったものだ。

「あるぜ。ここは建物を見せているのだ。建物を見てくださいと言っているのだ」

「でもお客に入っていただかないと、収入になりませんからね。困るのです」

「建築の連中なら、見にくるだろう」

「来ます。この数年、ペンシルヴァニア大学の学生さんが、先生と一緒に毎年やってきます。コーネル大学の人はお寺に泊まり外食しながら通い、スケッチしています。

彼等は、世界の隅っ子にある小都市を探《さぐ》って、わざわざ出かけるだけあって、インターネットより早く、情報を持ってきますね。「メタボリ・リバイバル」なんて、数年まえつまり日本のマスコミの二年前から言ってましたよ。何しろ彼等は、「明日の情報発信者」

ですからね。高山のこの家から、いち早く未来の建築界が見えるのです。三月三十日には、ノーベル賞受賞者P・グリーンガード博士の奥さんのウルスラさんが突然に来られました。彼女は彫刻家です。

でもどっちみち建築関係の人は、おカネになりません。数が少ない」

「ならない。ならないと思うよ。吉島さんはね、「ただ」でいいですよと、よく言うだろう。あなたのお母さんなど、ビールとおつまみを持ってこられるだろう。忠男の友だちや先生がおいでになっているとかおっしゃって」

実際のところ彼は、カネもうけは上手ではない。上手でないというより、そう心がけたこともないし、したがってした事もない。おカネというのは、湧いてくるか降ってくるものと、「楽《らく》な」気持で過《すご》している。でも現実にはそういうことは起きないから、借金をする。そしてそのカネを、またたくまに使いきってしまう。前の借金を返すというようなことをしない。

私は、彼の首に縄をつけて引きまわす人が必要ではないかと思ったこともあったのだけれど、これはペット並みに扱うことで、人道に反すると考えたから、やめてしまった。

高山の彼の知人が、私に話してくれた。

「あの人！　貧乏は性格だ。その性格が貧乏にさせている。これは治らん」

高山の人がこう言ってたぜと、吉島さんに話したら、彼はこう答えた。

「カネもうけをしようとしたことはある。でも悪いことはできんしね」。

今年、つまり平成十二年のことだけれど、設計の仕事を二つも持っている。

ひとつは、篠田桃紅さんの作品展示ギャラリーの設計である。でも彼はいま、その桃紅先生からあいそをつかされている。「話をしたのが一昨年。そして去年の夏になっても、設計はできあがってこない。」そして今年になって彼は、私にこう話した。

「桃紅先生が、業《ごう》を煮《に》やして、『すぐに出来ることを一年もかけ、しかもできていないのでは、いつ死ぬかわからない日々を送っている者として、とてもつきあいきれません。デパートの美術部なら、今日言えば明日にでも実行します』、と言われています」。

「どうして出来ないの？」とか、「どうしてやらないの？」などという野暮《やぼ》なことは、私も言わない。彼は、彼の生活哲学を実行しているだけなのだから。ただ私には、その生活哲学なるものが、今もってよく分らない。だから尋ねる資格もないわけだ。

桃紅さんの好意を無視して、迷惑をかけてきた点では、お父さんのほうも負けてはいない。

吉島さんの家には、床の間に掛ける軸がない。茶室に立てる風炉先《ふろさき》屏風もない。みんな売ってしまったからである。そこで桃紅さんは、十三点の自分の作品をお貸しになった。こうしてあるべきところにある物が、そろったのである。部屋にも体裁《ていさい》というものが整った。伝統的空間に現代的な墨《すみ》の芸術作品、つまり「墨象《ぼくしょう》」。

ところがそのうちの二つの軸が、盗まれてしまったのである。しかも盗まれていることを、三ヶ月も知らなかったのである。

「弁償《べんしょう》しなければなりません」

と言葉だけとはいえ言ったのは、息子の忠男さんだ。そのときは当代の六代目休兵衛さんは、盗まれ方の推理をしてくださった。

「二階に、三角形のすきまがあるのです。泥棒はそれを発見して、昼間のうちにそこへ隠れていたんでしょうね。

生《しょう》あるものは、消える運命を持っているのです。蓮如《れんにょ》さんや親鸞《しんらん》さんのおっしゃる通りです」

さすがは敬虔《けいけん》な仏教信者だ。わるびれるところがない。そしてひとつ教えてくださった。

「一階にも狭いすきまがあります。これも三角形のすきまです。おみせしましょう」。

木鶴大明神《もっかくだいみょうじん》

「芸大です」

「芸大って、どこのことさ」

「東京芸大。東大がいいけれど、見込みないでしょう」

「へえ、そう。でもどうして学校の名前ばかりにこだわるのだ。名前も無関係とは思わんよ。だいたい建築家になろうというのに、覚悟ができていない」

「覚悟ですか、はあ」

「いいか、日本で造りあげられてきたすべての偉大な建築は、飛驒の匠《たくみ》とその末裔《まつえい》によるものだ。分っているだろう。お前は」

私の言葉も、いつのまにかぞんざいになっている。吉島さんにたいして「お前は」などという言葉を使っている。

「飛驒の高山に生まれた。これは、名誉なことと思わなければなるまい。

国分寺《こくぶんじ》にお参りしたことがあるか?」

「ありますよ。乳銀杏《ちちいちょう》の樹があるのを、ご存じですか」

「チチ・イチョウというのは、なんだね。」

「わいせつな樹ですよ」

「なんてこと言うのだ。まだ子供じゃないか」

飛騨国分寺　飛騨匠の祖である木鶴大明神は、この堂に安置されている

木鶴大明神

「もう十七歳ですよ」

「へえ、そんな歳か。でも歳を決めるのは、自分のせいではない。気にするな。私だってね、七年、寝たっきりだったのだ。吉島さんは、まだましだ。元気で動いているからね。まあ、いい。お参りしたのなら。

本堂の右はしの神に、お参りしたか」

「いちおう」

「あそこには、木鶴大明神の木像《もくぞう》がおまつりしてある。灯明《とうみょう》がうす暗いからよく見えないけれど、これは飛騨の匠の祖《そ》といわれているんだ。

でも吉島さん、木鶴大明神というのは、架空の神様だと思うだろう。およそ日本の神というのは、実在していたとはいえない。私も架空だと思う。科学的で合理的な証拠というものが、ないからね。でも肝腎なのは、そういう事ではない。どうせこれは、飛騨の工《たくみ》を美化するために、『飛騨の国』の人が創りだしたのにちがいないと、思いこむ事だ。日本広しとは言えないけれど、木鶴大明神を祀っているのは、ここだけだからね。無理もない。

ところがこの木鶴大明神というのは、古代中国、つまり唐《とう》の本に出てくる倭人《わじん》。倭人とは日本人のことなのだ。彼の和名は書かれていないが、唐名は『韓志和《かんしわ》』という。韓は木彫に優れ、彼が木で作った鶴は、空を飛んで行ったとさ。これは『杜陽雑篇《とようざっぺん》』という本に出てくる。

奈良時代のことだ。一人の飛騨の匠は、唐《から》の国へ行って腕を磨きたいものだと決心し」

「つまり留学ですか」

「まあ、そうだ」

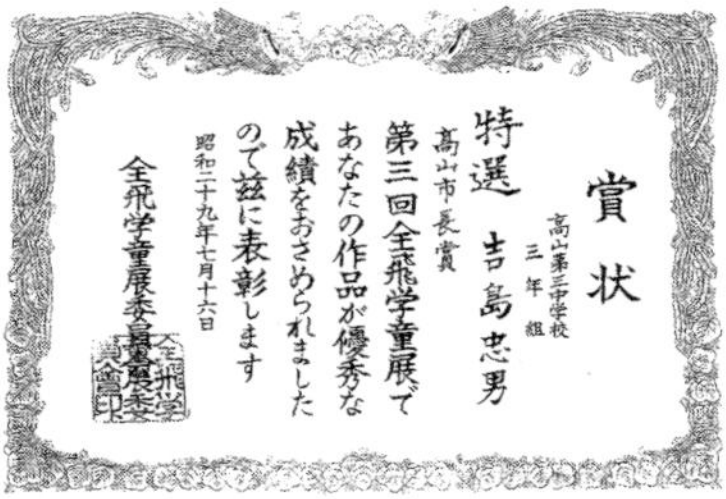
賞状

高山第三中学校
三年　組
吉島忠男

特選
高山市長賞

第三回全飛学童展で
あなたの作品が優秀な
成績をおさめられました
ので玆に表彰します

昭和二十九年七月十六日

全飛学童展委員会

陣屋門前から写生によって受けた表彰状

建物写生（18才）

「でも今は、決心しても外国へ行くのは夢のうちですね」

「戦争に負けて、貧乏な国だ。あたりまえの話だ。昔だって、外国へ行くのはむつかしかったのだぜ。それどころか、命がけさ。

自分で木の鶴《つる》を彫《ほ》りあげ、それに乗り、西に向かって飛び立った。筑紫《つくし》（福岡県）の上空にさしかかったとき、鶴に向かって矢を射かけた者がいた。そのとき射落された羽の落ちたところが、羽形《はかた》で、今の博多《はかた》。話は都合よくできている。

しかし飛驒の匠が日本建築界を支配したのは、奈良時代から江戸時代までの千二百年のあいだだけだ。

明治以後の日本建築界をかきまわし、全地球に及ぶ建築家が、飛驒から生まれたかね。一人だっていないだろう」。

「お前はな、その最初の男にならなければなるまい。見たところ、お前には巨匠、つまりヒーローになる相《そう》がある。それに、才能もあるらしい。お父さんの話ではな」

「全飛驒学童展で、特選の高山市長賞をとったのです」

「いつの時かね」

「高山第三中学の三年組の時です。陣屋の門の中から外を見たもので、広場越《ご》しに銀行や料理屋や中橋《なかはし》が見えているものです」

「絵かきの才能はあるらしいということだ。ただね、それだけでは坂は上《のぼ》れない。二つのことが、お前を左右している。それは、運命の神のなせるわざだ。

ひとつは、「時《とき》」だ。今の日本は、どん底から立ちあがろうとしている。お前の家もどん底だ。農地改革と財産税で、奪《と》りあげられてしまった。

どーじの高窓

だからもうこれ以上、落ちこみようがない。残っているのは、這いあがることだけだ。考えてみれば恵まれた状況だ。

などと思ってはいけない。「どん底にはね、底がないのだ」。この世は、そういうふうになっている。泥沼に脚を引っこまれてしまうかもしれん。でも「時は今」だぜ。

もひとつは環境だ。お前の環境は、わるくはない。お前の家はね、ひいじいさんの斐之《あやゆき》さんが建てたものだってね。となりの日下部《くさかべ》さんの家とともに、明治日本の傑作だ。

あれは、斐之さんの豊かな教養と見事な感覚が生み出したデザインで、棟梁の西田伊三郎が造りあげたものだ。

ドージの上にひろがる空間には、柱や梁が光り輝いている。年に一回、空拭きする程度だってね。お母さんの話だ。

高窓《たかまど》から入ってくる光の方向は、刻々《こくこく》と変り、それとともに梁組《はりぐみ》の陰影《いんえい》は動いていく。そして夕陽が沈むころには、吹抜けの空間は赤く染まり、夜が訪れてくる。静まりかえった夜更けの高窓から見える空には、白い雲が流れていく。これは詩であり、動く芸術だ。

中庭に面して縁側があるだろう。「ほんざしき」と「つぎのま」の前のものさ。桐《きり》の蓋《ふた》がしてある。あげてみたら、春慶塗《しゅんけいぬ》りの欅《けやき》づくりだ。それが、トラーバチンの大理石の表面のようで、私の顔が映《うつ》るのだ」

「座敷は、包装してありましたよ」

「そうだってね、どうして包装紙を留めるのかね」

「割り箸《ばし》のようなもので、天井の棹縁《さおぶち》のすきまにさしこみ、留めたのです」

「なんのために、そういうことをしたのだろうね」

「蠅《はえ》が止まると、蠅の糞《ふん》がつくからです」

「なるほど。たしかに蠅は糞をするね。ところかまわず。でも見えるか見えないか、程度のものだから気にしない。普通はね」

「でも、今はしてませんよ。おやじも怠け者になりましたからね」

「そう。それはそういうことだ。

も一度、言おう。お前は、そういう吉島家で生まれた。ここで生まれ生きている男は、お前ひとりだ。このことを忘れるな。

お前はね、自分の家を『ふつうの家』と思っているらしい。他国へ行けば、もっといい家がいくらでもあると思っているらしい。思い違いも甚だしい」

「僕はね、おやじの子でないらしいのです。疑っているのです」

「お前は、とんでもないことを言うなあ。お前の顔は、どうみたっておやじさんとおふくろさんを、足して二で割った顔だ。冗談でもそういうことを言うもんじゃない。とにかくお前は、この家で生まれたのだ。姉さんたちはよそへ行ってしまい、残っているのは、お前ひとりだ」

「こわいこっちゃ」

「こわい、ってなんだ。何が恐ろしい？」

「恥ずかしいというか、恐縮しているというか、うまく説明できんのです。高山方言ですからね」

「そうか。私にも、よくわからん。

とにかく建て物は「生き物」だ。わかっているだろう。竣工したときは、単なる「もの」だ。そこに人が住み、つまり寝たり食べたりおしゃべりしたり、お客さんを迎えたり、時には法事をしたり、例えばお前なら勉強したりさ、十歳の小児結核の時には仰むけになって天井みたりさ。そうだ毎日の掃除を欠かすことはできないな、こうして磨きあげていって、あのように素晴らしいものになった。

もし明治四十年に立派な建物を復興できたといって、誰も住まなかったら、あれは老いさらばえ死んでしまって、今ごろはあばら屋だ。

この生き物は、お前を離さないぜ。この生き物は、もう大人になってしまった。お前は逃げようたって逃げられない。お前は、この家の手で襟首《えりくび》をつかまれている。じたばたしたって始まらない。

このような家はな、執念《しゅうねん》をもっているから、お前の足もつかんでいる。そして引っぱる。「竣工は美の始まり」にすぎないという思想の旗をかかげてな。

ただ神は公平ではない、人生において怪俄《けが》をしたからといって、傷をなめることをしてくれない。お前だけ見捨てるかもしれん。

この世は戦いそのもので、受験であれ取引であれ、正義と正義の戦いだ。ついこのあいだの戦争さ、ヨーロッパでも太平洋でも、みんな正義の旗をかかげていた。知っているか。知らない？　考えてみれば幼《おさ》なかったからね。

だから正義などは、問題にしてはいけない。要は勝つことだけだ。勝った者が正しい。世の中は、すべてそうできている。お前が大学に入る。それはいい。要は、他人を踏み倒して建築界の荒波をつきぬけていく覚悟が大事だ。覚悟だぜ、覚悟。分るか。でも結果はね、誰も予言できない」

「それでは、ひどいではありませんか」

「なぜ、ひどい？」

「道徳がありません。私の家は真宗で、シンランさんやレンニョさんの教えにすがって生きてきました。他力本願《たりきほんがん》です。自力本願みたいなわがままなことはできません」

「ばかな。そういうものをあてにするな。神も仏も、もう死んだ。もっともお前はな、生まれがいいから、お恵みをうけるのを拒否するだろう。飢え死にしたってそうするだろう。そういう心は捨てないほうがいい。

もうどうしようもなくなったら、打《う》ち首《くび》になるか飢え死にしろ。人生は、それでおしまいだ。人の命にあるのは、後先《あとさき》だけだ。赤ん坊で旅立つ者もいれば、百歳まで生きているやつもいる。でもいつでも、待っているのはおしまいだけだ」

「溜《た》め息《いき》が出ます」

「お前はな。自分の建築文化を創れ。それだけが、お前が生きていた証拠になる。いいか、友人、知人、女人《にょにん》は、すべて敵で奴隷だ。そういう連中に関心をもつな。彼等が、関心をもつに値《あたい》するとすれば、お前の建築文化の奴隷になる時だけだ。他人なんて、その程度のものと思へ。

日本人は、よくこう言うな。

「それはそうだ、賛成する」

そして必ずといっていいくらい、但し書きをつける。

「しかし、なになにだ」

と。これでは「イエス」か「ノー」か分らん。建築を志す者の返事ではない。いつだってこう言え。

「僕が言ったのだから正しい」

でもお前も人間だ。そう言ったあとで、まちがってたかなと思うかもしれん。でも訂正するな。その言葉が、孤独で震《ふる》えていても助けるな。放《ほ》っとけ、最後のひとつは、「悪魔《あくま》の誘惑《ゆうわく》」だ。この悪魔はね、外にいるわけではない。お前の心のなかに巣くっている。

誘惑はな、女郎《じょろう》ぐものようなものだ。一度からみつかれたら、抜け出すのはむつかしい。からまれている方が、いいなという気持がする。そうして揚句《あげく》のはて、喰いつぶれされてしまう」

「でもね、私は、母性本能をくすぐるかのように生まれついているらしいのです。小中学校の時でも、級長選出のときに、女性の票が多かった。もがきながら、それはみせかけで、ぬけたくないと願っていると思います」

「そうか。わからんでもない。もし、誰か女性でもいるのか」

「私の気を散らす女性がいます」

「その女性の名前を教えろ。私が掠奪して、お前を救ってやる」

「それは、虫がよすぎます。そういうのは親切というものでないでしょう」

「親切だ。涙をのんで親切にしようとしているのだ」

「それは、先生らしくありません。先生は、つい先日、こうおっしゃいましたよ。「他人のことは、他人のこと」

「明日の風は　今日でも吹く」

それからもひとつ。思い出せません」

「それでね、いま話したのは、両面宿儺《りょうめんすくな》のささやきだ」

「千光寺《せんこうじ》の円空仏《えんくうぶつ》のことですか」

「そうだ。肉体はひとつで、顔面はふたつ。その顔は、お互いにそむきあい、ひとつになることはできない。首もないし、かかともない。これはな、ヤマト政府が成立するまえの、飛騨の主《ぬし》だ。

いいか。この飛騨はな、ヤマトの連中にやられたのだ。以来やられっ放しだ。明治維新《いしん》の時に、飛騨の郡代《ぐんだい》は、陣屋《じんや》を打ち捨て、江戸へ逃亡したろう。品川沖にお台場《だいば》を造ると称して、大金を召しあげられ、長州征伐をすると称して、軍資金を調達させられたろう。

そして京の政府がとってかわると、幕府と変らず高山の連中に、何かとカネを求めたろう。そののち、いい事があったかね。

待っていては駄目だ。「東京へ行きたい」「いい大学に入りたい」などというけちな根性も駄目だ。とりあえずだ。いいか。日本の建築界を乗っとることを考えろ。

戦国時代の武将の娘はな、人質にされたと嫁に行ったような顔をして、夫の家を乗取り滅ぼすことを考えたものだ。

いいか、飛騨の歴史から生まれた者は、新しい歴史を創る側に廻れ」

「はあ、そういう事ですか。おやじが先生の家を訪《たず》ねて、お願いしたという事は」

「うん、確かにおいでになった。六帖の木賃アパートにな。先生も貧しいのだ。

お父さんが、おっしゃったのはね、忠男は建築にむいているでしょうか、という事だけだ。この返事はね、好きか嫌いかだけだと、申しあげておいた。

そして、こうして高山へ来たわけだ。私もね、春慶塗りのお盆をもらってしまったから、何か言わなければなるまいと、考えたわけだ。

先《さき》ほど、お父さんにお会いした。あの本座敷《ほんざしき》でね。そのときなんとおっしゃったと思う。

「ひとこと、申しあげてよいでしょうか」

「どうぞ」

「お住まいにお伺いしたとき、棚の上に白磁《はくじ》の壺を、お見うけいたしました。そうでございますね」

「そうです。白磁らしいものはあります。でもあれは、東芝の電気湯沸器《ゆわかしき》です」

「あれが、棚から落ちはしないかと、心配なのです。恐れ入りますが、下におろしておいてくださいませんか」

私だってね、何も好きこのんで、棚の上にあげているわけではない。残念ながら部屋は狭くて、置くところがないから、そうしていただけの事だ」。

「先生、私の好きだった空間を申しあげましょう。それは朽ち果てつつある土蔵群とそのすきま。

屋外では、小高い山頂。「月は東に、陽（日）は西に」といったころの夕方。満月の時、紺碧の空に乗鞍北アルプスから上がるでかい月。かたや西の山々に沈みかける真赤とも真黄ともいえる太陽とオレンジ色の空。

東と西のコントラストが同時に見える北山、東山城山のスカイライン。その底に小さな町が、静かに沈みこんでいる」。

ＳＬのスケッチ

狼《おおかみ》のさよなら

「高山を出る時のことなど、よく覚えとらんのです。高山は、いやでいやでしようがなくて、高山のことなんか忘れようとしていたから」

こう言われたのでは、高山も可哀《かわい》そうだ。そういう事は、高山に責任があるわけではない。落ちぶれてしまった自分の家のせいなのである。敗戦後の農地改革と財産税が境目だった。

高山を出たのが昭和三十三年（一九五八）。斐太高校卒業の年だから、これは正しい。二月のことか三月のことか、覚えていない。三月一日の卒業式には出席したような気もしている。それに近所に火事があって、土蔵の置き屋根に火が入ったことも覚えている。それがあって家を出るのは、大学受験ぎりぎりの日になってしまった。家の前の道はまだ舗装されていなくて、小石がころがっていて、子供のころ駈け出していってこけ、左の額《ひたい》をぶつけたのを思い出した。父も母も何も言わなかった。高校の帽子をかむり、高校の服を着て、高校時代の黒色のオーバー・コートを身につけていた。

国鉄高山駅、七時三十八分発の列車に乗った。各駅停車である。車内は、六、七割りの入りで、就職や受験の人が多く、高山発にしては混んでいるほうである。「同級生もいたと思うけれど、忘れた」。ともかくこうして彼は、高山を抜け出ることになったのである。「ざまあみろ」だ。

でもこれが「吉」と出るか「凶」と出るかは考えたことはない。この世は、高山と離れれば、彼の都合にあわせて廻転してくれると信じている。ただしそれは、漠然としていて理由もない。東京では、ミニスカート、フーテン族、ゴーゴー喫茶が流行しているということだけれど、それは週刊誌の上での話だけで、彼は、関心はない。汽車の中で思い出した。

親は、はじめ医者になれと言った。医者でないと、家の再興はできないというのである。

高校の担任は生物の先生で、絵の方向に進んだら駄目だと言った。絵はたしかに上手で、ときには賞をもらっていた。「僕は、自然を描《か》かないで、建物ばかり描《か》いていました」。でもひとりの先生には、こうも言われた。「絵かきというのはやくざな商売で、何もかもととのった人がやること」。

そして高校一年の終りころでは、建築へ進もうと心に決めていた。でも建築の世界について知っていたわけではない。ちょうど同じ年に、写真家の二川幸夫さんと私とが、日下部さんの家と吉島さんの家を訪ね、取材していたのだけれど、自分の家と建築とは結びついていなかった。建築というよりは、「建築学科」の情報源は、旺文社発行の『蛍雪時代』の記事くらいである。

三つの大学を受験した。ひとつの大学は、教授が知人の知人で、その方《かた》の自宅へ行ったら、「何でもいいから書いておけ」と言われ、その通りしたが、まぐれが当っている事はなかった。美大予備校のお茶の水学院に通う。生徒は四名。二ヶ月通っただけ。

次の年も、三つの大学を受験した。前年とはちがい組合せを変え、ひとつだけ他大学にしてみた。前年と同じように東京芸術大学を受けてみたのだけれど、筆記の学科試験に落ちるから、得意の建物スケッチにまで及ばなかった。今度は予備校の阿佐谷美術学園に通う。生徒は三十名くらい。払った月謝は四ヶ月分。通ったのは六ヶ月。先生の一人に宮脇《みやわき》檀《まゆみ》さんがいて、池辺陽《きよし》の「住まい」関係の本を使って講義をしていた。「檀《だん》さん」は東京芸術大学の学生だったが、同じ年に東京大学建築学科の高山研究室の大学院生に移っていった。

浪人時代の建築についての勉強は、もっぱら店頭で、『建築文化』や『新建築』の雑誌を、むさぼり読むことだった。そしてその場所は、新宿の紀伊国屋書店が多かった。

この書店の建物は、前川國男さんという建築家の設計されたもので、『蛍雪時代』には「日本近代建築の父」とあったのを、思い出した。そしてお茶の水駅近くの岸体育館も、前川さんの設計であることも知った。

丹下健三さんの名前は、その前から知っていた。高校三年のとき、広島方面への修学旅行があって、広島のピース・センターへ行ったからである。これは、丹下さん設計の建物である。

「脚《あし》の生《は》えている建築」

を始めて見た。あとで学生時代に、脚の生えている部分は、フランス語で「ピロティ」という事を覚えたけれど、脚つき建築には感心した。

高山では、こういう危なっかしい事はしない。しかし現代の建築では、考えることが自由で、やる事も自由で、自由だといろんな建築の形を考える事ができるなと、感じた。当時は感じだけで、印象だけが長く残った。

翌々年になって受験したのは、やはり三ヶ所。そのうちの二つに合格したが、入学したのは、日本大学理工学部建築学科。合格の通知をうけ、十三万円を腹巻きに入れ高山を出る。授業料は年五万円。入学金は十万八千円。

彼は、合格を知らせに、私の家へやってきた。

「どういう風に勉強したらいいのでしょうね」

そういう事を尋ねられても、答えられるわけはない。だいたい私は戦中派だから、建築学の勉強など殆んどしていない。或る教授は、「勉強できないね、在学していることに意味がある。それで十分」と話してくれて、「ははん、それだよね」とうなずいていた時代の学生だから。

「そうね、卒業設計だけに集中したら。学科でね、全部を「優」をとる。そうなったら面白いけれどね。そういうことができたとして、何かごほうびをと期待すると儚《はか》ないよね。小中学校の時だって、呉れなかったろ。自分、自分だけだ」。

そうであるのに彼は、在学四年間で百五十二単位もとったのである。百三十六単位で十分であるというのに。十八単位も超えている。彼は、いつもそう言う。私は疑っているわけではないけれど、頼りない反応しか示さない。

「先生、疑っているでしょう。今でも。本当なんですから。これを見てください」

と「理工証第四三四号　成績証明書」を見せる。それどころか「さし上げます」と渡してくれる。これがまあなんと、卒業して三十六年後のことなのである。

大学建築科機関誌の表紙デザイン

日本建築学生会議機関誌「核」八号の表紙

そして彼は高山に帰ると、ファックスを送ってきた。念には念を入れようというわけらしい。

「世田ヶ谷の桜上水にあった教養学部から、お茶の水の理工学部に移ったのが、二年から。それからの三年間は、定期的に設計課題が出て、住宅から美術館・市庁舎に至るまでこなし、提出しました。僕の場合、ほとんどが、Aプラス一重丸、Aプラス二重丸。つまり九十点から九十五点、もらっていました」。

設計に百点などあると思えない。先生のほうだって体面《たいめん》というのがある。少しは点数を削っておくものだ。その方が教育上もよろしい。これは私個人の想像ではあるが、吉島さんの設計評価は、まあ大したものではある。

彼にとっての問題は、家からの仕送りが途絶《とだ》えがちなことである。といって親だって、好きこのんでそうしているわけでない。理由は簡単で、要するに無い袖はふれないのである。彼が高山を逃亡するかのような気持で出てきた理由の根源が、続いているだけのことである。

親としても教育を必要としているのは、彼だけではない。三人の姉たちも高等教育をうけ、一時は新宿区荒木町に一軒借りて共同生活をしていたこともあるくらい。そしてこちらのほうは女性だから、順次、結婚支度《じたく》をしなければならなかった。

そして彼は末っ子だ。「末っ子は可愛いもんだ」と両親がうそぶくような時代は、とっくに去り、しわよせは末っ子へとよせられ、彼は末っ子として貧乏くじを引かざるをえない立場に置かれているわけである。これは、たしかに運がわるいというものだ。彼にとって深刻な問題であるが、順序よく当りまえのことが起きていただけのことである。

「昼飯《ひるめし》を食うカネがないでしょう」

こういう言い方だと、朝食と夕食は食えたようにみえる。彼は三食つきの下宿にいるわけではない。頼りは大学での友人なのだ。

「授業はなくても、大学へは行く。そして友だちにおごってもらって食べるのです。「飢《う》えた狼の吉島」と言われていました。友だちというのは、ありがたいものです。恩にきています。恩返しはしてありません。同窓会に行くと、もう時効だと言ってくれていますし」。

大学時代の彼は、阿佐ヶ谷六丁目の四帖半から、地下鉄丸の内線の新中野駅近くの木賃アパート二階の四帖半に移る。部屋代は、一帖につき、月七百円から月千円となる。ということは、少しましなところへ移ったことになる。窓からは淀橋浄水場跡が見えている。西新宿の超高層ビル街が建つ前のことである。

アパート一階には、早稲田大学の多喜さんがいる。伟屋《とらや》さんは青山の菓子屋に間借りしていて、オリンピック道路の拡幅工事で追い出されていて、次の居場所が見つかるまでと、彼のとこに居候している。白川村合宿で親しくなった鳥栖《とりす》さんは、日本建築学会会議の東大代議員だったのであるが、よく来ていただいた。

彼の部屋には人の出入りが多く、夜おそくまで電灯がこうこうと輝いている。この風景に興味を示していたのが、ゴルフ場経営者のお嬢さんと友人。受験するから勉強を教えてくださいと訪ねてくる。悪い気分ではない。その面倒を、なかば遊び気分で面倒にあたったのが多喜さんだ。

彼は、たしかに飢えていた。食べるものが一杯にあって腹鼓《はらづつみ》を打っていると、とかく本業はお留守になるものだけれど、腹をすかしていたおかげでもあって、建築はいっそう面白くなり、建築へのエネルギーは高まるばかり。

所得倍増計画は進行中、インフラ整備も進行中。田中（角栄）幹事長の「都市改造法」のぶち上げがあったなどで、この世は建築にとってわるくないなという気はある。といって浪人末期から大学時代につづいた「岩戸《いわと》景気」の恩恵を、彼は蒙ることはなかった。電気冷蔵庫、電気洗濯機、テレビ。そういう三種の神器は、小市民への飴玉にすぎない。という気になれる。そこで彼は、飢えた狼ではあるが、意気軒昂《いきけんこう》なのである。

そこで私も彼を励ました。

「飢えているというのは、悪いことではない。八田利也《やだとしや》（はったりや）は、こう言っているぜ。前衛は、コッペパンと水だけで生きている」。

されど駿馬《しゅんめ》

彼の卒業設計の量は、L判《えるばん》（一一〇〇ミリ×八〇〇ミリ）ケント紙で、なんと三十四枚。これがロール状になるように横につないであるから、八十センチ幅で三十七メートル余になる。そしてその質たるや、密度に満ち手抜きがない。文字通り、日本の卒業設計の中で、このようなものは、あらわれたことがない。と人に思わせるような作品なのである。

彼は、今でも「見るのに苦労します」と言う。とにかく重くて、よたよたでもいいから、持てといわれても、それさえできない。私では、持ちあげられもしない。十数枚の卒業設計を提出する者が、稀にいるけれど、それでさえ審査員としては、審査するだけで疲れてしまうのに、彼のは余りにも大部すぎる。

彼の卒業設計のテーマは、こういうものである。

「近畿圏《きんきけん》　産業中枢《さんぎょうちゅうすう》」

計画地は大阪湾である。大阪―淡路島、神戸―岸和田《きしわだ》間を、十字に横断する橋を架け、
橋梁《きょうりょう》そのものを建築化し、橋梁の中に
鉄道、高速道路、動く歩道を装置し
物流軸《ぶつりゅうじく》とエネルギー・パイプを兼ねさせ
交叉する中心より南に空港を造り

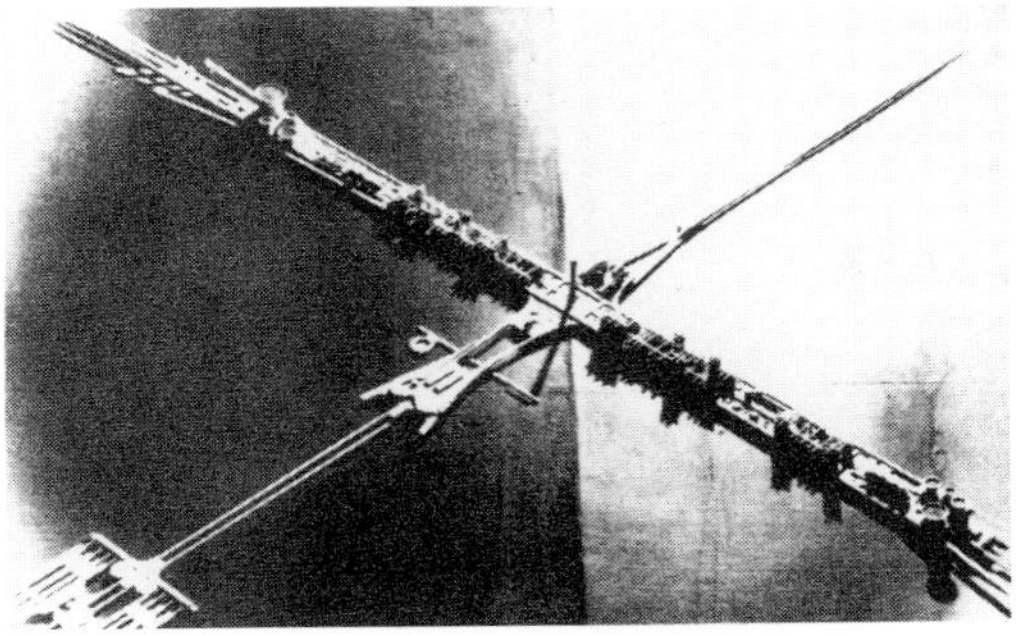

彼の卒業設計／題して「近畿圏産業中枢」

産業中枢としての情報センターを創る。
大阪湾に着目したところは、丹下健三さんの「東京計画」構想の影響が認められる。また新陳代謝を考慮している点ではメタボリズム、都市の成長の過程に配慮している点ではプロセス・アーキテクチャー、そして造型の手法としてはルイス・カーンの影響がみえかくれしている。

四十年も経つと、彼も「いささか汗顔《かんがん》の至り」と言うけれど、当時としては最新の建築創造の思想を下敷きにしていることは、否定できない。

およそ卒業設計には、別の側面がある。それは、図面そのものが、絵画・彫刻に似た芸術作品であることが求められているということである。それは、卒業設計が現実に建てられることはないという事を関係がある。非常にしばしば、今にも建ちそうな建物を設計する者がいるが、愚かなことである。卒業すれば、そういう機会はいくらでもやってくる。

といって設計の中味は、「はったり」でよいというわけではない。そこには、自らの創造の思想に基づき、理想化された建築が表現されていなければならない。それは、幻想なのである。もし、わかりやすくいえば図面が美しくないと、むつかしくいえば図面が美的に表現されて人を魅惑する意匠《いしょう》がかけていないと、審査の教授というのは、中味の質も貧しいと考える。経験的には、これは正しい評価方法といえる。

しかし卒業設計に幻想を求めるには、審査する連中の心理と価値観を分析する必要があり、一種の決意が必要である。それは、織田《おだ》信長が、桶狭間《おけはざま》へ出陣《しゅつじん》するにあたり、清州《きよす》城内で幸若《こうわか》を舞った時の心に似ている。

「人間五十年　下天《げてん》の内に較《くら》ぶれば

夢まぼろしのごとくなり」。

しかし彼が卒業設計を始めるにあたって、二つの壁が立ちはだかっている。

ひとつは授業料滞納《たいのう》である。滞納者は、卒業そのものができない。卒業設計を提出しようが、学科目の成績が全優《ぜんゆう》であろうと関係はなく卒業の資格はない。

他のひとつは、卒業設計には、かなりの制作費が必要とされるということである。そして質の高い卒業設計には、それに応じそれなりに制作費は多くなってしまう。

要するに、カネが必要なのである。そこで彼は、金策《きんさく》のために高山へ走った。おやじさんの答えは、簡単で絶望的である。

「どうしても、カネの都合はつかん」

幼ない時に亡くなったカタばあさんの生家《せいか》へ無心に行ったらと言われたこともあった。そういう虫のよい話が、通るわけではない。

その片方で彼は、嘆きながらも、卒業設計の考えをまとめ、構想を練って模型さえも造っていたのである。夏休みのあいだのことである。

しかしカネの工面《くめん》はつかない。カネに「飢えた狼」は、東京へ戻る。彼はよく、「紙と鉛筆さえあれば出来る」とうそぶくけれど、これは正しくない。それでできるわけはない。

彼は呟《つぶや》く。

「大東亜戦争が終ってからというもの、たしかにカネの入りはなくなった。でもなんとかなったものだぜ」

制作の追いこみに入ったのは、九月。彼の四帖半では狭すぎる。そこで、アパート前面道路の向うの敷地にある廃屋《はいおく》を借りることにする。これは、彼のアパートの持主でもあるゴルフ場経営者。吉田さんの所有である。賃貸《ちんたい》をとりもってくれたのは、所有者のお嬢さんである。多喜さんのとこへ勉強を教えてもらいに来ている例のお嬢さんである。

一階には、農機具、トラック、ゴルフネットなどの雑多な機具や道具が散乱している。借りたのは二階だけで、ガラス戸や襖の破れは紙でふさぎ、豆炭《まめたん》の焜炉《こんろ》を買ってきた。部屋の借り賃《ちん》は三ヶ月で三千円。

常時の協力は、若木さん、白川さん。右腕になってくれたのが安岡さん。そして鳥栖《とりす》さん、中間《なかま》さん、侞屋《とらや》さんはもちろん、各大学の知り合いの面々《めんめん》が顔を出し、少しは手伝ってくれ、夕食、おやつ、飲物の差し入れもあった。卒計《そっけい》制作の経験のある方はご存じだろうけれど、手伝いには給料は払わないけれど、食べ物は提供しなければならない。ところが実情は、食うや食わずなのである。

「斉藤さんには、みんなに飯《めし》を食わせていただきました。たいへんに感謝しています」当時の斉藤さんは、東京大学生産技術研究所、坪井研究室の助手だった。

こういう多人数で多様な協力があったからできたのも事実なら、彼が確《かく》とした設計方針と設計思想を持っていて、命令できたから作業が進んでいったのも事実である。設計能力のない者は、手伝いの兵隊がどんなに多くても、設計そのものができない。

提出期限は、十二月二十日である。なんとしたことか、出来てはいるのに彼は提出しない。「卒計審査」は、冬休みに入る前に終っているのに、まだ提出していない。

提出したのは、年もあらたまって一月の中旬である。なぜ彼は遅らせたのだ。

「自分の気に入るまで、図面に手を入れたかったのです。「期限」よりも、自分の「納得」のほうが大事なのです。期限後提出で、審査の対象にならず「証文の出しおくれ」でもよかったのです。私の納得と図面の存在さえあれば、それでよかったのです」

これは、まさに哲学的課題である。「人間にとって」大学の定めた規則のほうが大事なのか、個人の内面の思想や道徳観に忠実なほうが大事なのか。ヨーロッパには、キリストの教えに従い、国の法に逆らって罪を犯した女がいた。彼の立場は、それに似ている。

しかし大学というのは、ひとりの学生の勝手な思想に、かかわりあうことはしない。哲学的問題などとは考えない。彼と同じように、教授には教授の思想がある。力関係からいえば、学生より教授のほうが上である。そして彼の作品は

「期限後提出」


というレッテルが貼られ、棚の上にあげられ、審査の机の上にのることはない。この処置は、新幹線の車輛のドアーと似ている。ドアーは、一度閉められると、おくれて駆けつけてきた乗客がいようと、開けてやるなどということはしない。これは、「近代が生みだした掟《おきて》」なのである。

要するに彼の作品は、「出し遅れの証文」みたいなものではある。しかし大学は、どこでもそうであるが、いちおう合格の処置はとってくれる。最低点の「可」と評価してではあるが。

しかしなんとしたことか。彼は

「桜建賞《おうけんしょう》」

なるものを受賞することになる。この賞は、卒業設計については、ただ一人に与えられるものなのである。「できは一番」だったということになる。

そして幸いなことに、新年になって、家から送金がある。未納の授業料分と、卒業制作費の若干分である。

ではお父さんは、どうしてカネの工面《くめん》をしたのか。売り物といえば、母屋《おもや》とそれが立つ土地だけしかないと思っていた。しかしあったのである。それは「吉島家の魂《たましい》」を象徴する仏壇《ぶつだん》である。この仏壇は、東本願寺《ひがしほんがんじ》形式のものであるが、信心深いひいじいさんの斐《あや》之《ゆき》さんの特注品である。

それから十一年後の昭和五十年（一九七五）の八月、大阪の建築家・浦辺鎮太郎《うらべしずたろう》さんが、吉島さんの家に来られた。

始めてお伺《うかが》いする家は、ひとつの礼儀作法《れいぎさほう》がある。それは、その家のご主人のほかに、先祖《せんぞ》の方々《かたがた》にも挨拶《あいさつ》することである。しかし先祖の方々は、もう生きてはおられない。私たちが、手でふれその目で確かめることができるのは亡き斐之さんが建てたからである。亡き千船《ちふね》さんが、大事に管理されてきたからである。そう考えれば、この礼儀作法は納得がいく。

浦辺さんは仏間《ぶつま》に坐り、ひとわたりまわりを見廻され、膝《ひざ》をすりよせて、合掌し、仏《ぶつ》壇《だん》の間《ま》の白い襖を、左右に開く。

ない！　何もない。

仏壇は無くなっている。吉島さんの家から魂が抜けていたのを私が知ったのは、この時なのである。

とにかく彼は、吉島家の魂の象徴と引きかえに、卒業を手にしたことになる。

「あのとき、吉島さんを不合格で落第にしておけば、期限を守らないと、どんなにひどい制裁をうけるか、身にしみて分ったろうのに、事もあろうに桜建賞などを貰うものだから、約束は守らず遅れてもよいという病気は治らなかった」

と、評論する人がいた。とすると彼の卒業や桜建賞は、彼にとってマイナスであったことになる。もちろんそういう見解も、否定するわけにはいかない。

しかし人生における失敗は、窮地《きゅうち》の時代に起きるとはかぎらない。どちらかといえば、調子よく花咲いている時代に起きているほうが多い。バブルで大もうけできそうだとはしゃいでいる時に、不良債権と経済不況の原因を作っていたのと似ている。

もちろん彼とて、「卒計《そっけい》最優秀者」というお墨付《すみつき》が、後の彼に有利に働くこともあるだろう。しかしそれが本当に有利であるとか、あったといえる保証はない。人は、そういう時に、往々《おうおう》にして安心しうかれ、隙《すき》をみせて、辷《すべ》ってこけたり、足を踏みはずしてどぶ川に落ちたりするものである。でも、

「駿馬には鞭打《むちう》って、走れ。使えるものは、使えるうちに使え。でもね、まちがえるな。道は、いくつにも分れているからね」

そういう事を、言っておいたほうがよかったかな、と私は、あとになって考えた。私も、うかつで無責任ではある。

束《つか》の間《ま》の大将《たいしょう》

建築家への道を歩く人には、二つの型《かた》がある。これは、天が決めたとしか言いようがないもので、住まいの環境を変えたり、一流の大学で教育を受けたり、札束をばらまいたからといって、身につくものではない。

ひとつは、始めから大将しかつとめられないように生きてきた型の人である。こういう人は、始めから社長とか所長でなければならない。生憎《あいにく》と兵隊とか所員がひとりもいなくても、一向に構うことはない。そうしないと巨匠への道は開かれない。こういう人が兵隊の道を歩くようなことをされると、はた迷惑で、組織のチームワークは成り立たず、鉄砲《てっぽう》球《だま》がどちらの方向に飛んでいくか、分ったものではない。

他のひとつは、兵隊から始めて、上へあがれるのはそこそこで、横に手をひろげていく型の人。徒党《ととう》を組み、みんなで渡れば横断歩道もこわくないと言いたがる人。こういう人が、大将の地位に始めからついたらどうなるか。そんな心配はない。そういう大それた志《こころざし》などもつ事はない。でもまちがえてはいけない。兵隊向きだからといって、一城《いちじょう》の主《あるじ》になれないわけではない。豊臣《とよとみ》秀吉さんを見たらいい。乱世《らんせい》には大将を馬から引きずりおとす腕力《わんりょく》を持っていた。その気になる欲があればだけど。

これらは、「向《む》き不向《む》き」というものであって、どちらが偉い、どちらが賢《かしこ》い、などという差はない。社会は両方の型の人材を求めており、それぞれにはそれなりの役割を果してもらわねばならないという仕組になっている。

吉島忠男《ただお》さん、今は七代目の休兵衛だけれど、幸か不幸か「大将向き」に生まれてきてしまった。彼は、今でも太陽は自分のまわりを廻っていると信じている。

その彼が、うかつにも天下の丹下都市建築設計事務所へ就職できてしまったのである。しかもよく考えもせず喜んで入ってしまった。内定していた某有力事務所のほうをお断りしてしまって。

建築界では「丹下」という姓は、丹下健三という大天才ひとりのためにつくられたものである。丹下さんは、もちろん事務所の大将である。いや大将を超えている。いうなればフランス皇帝に近い。皇帝は、兵隊などに口をきかないし、誰からも命令や指図を受けない。何よりも国家や首都のグランド・デザインを立案する。大将を超えているのではないかという所以《ゆえん》は、ここにある。ここでは、彼は大将になれる見込みのないことは、歴然《れきぜん》としている。

だから七代目・吉島休兵衛となることを約束されていた吉島忠男さんは「自らの人生の前途にたいして痛恨《つうこん》の選択をした」と、私は言うのである。

昭和三十八年（一九六三）の九月に、丹下さんの事務所の公募発表があった時、在学中の設計課題の成果である図面を抱え、おろかにも所長の神谷《かみや》（宏治）さんの面接をうけに出かけた。所長が神谷さんというのは、おかしいと考える人がいるかしれない。丹下さんは東京大学都市工学科の教授であるから、国家公務員として、所長になるのは許されていないという単純明快な理由からである。

彼の給料は、月に一万八千円。当時として並の初任給である。次の年には二万円にあがり、ボーナスは手取り七万円。清水建設のそれよりも多かったのではないかと思われる。しかしもし大将への道を歩くつもりなら「飢えた狼」をつづけ、木賃《もくちん》アパートの六帖間に製図板を四枚ほど並べ、畳の上を這いまわっているべきであった。

丹下さんの事務所での彼の所属は、「電通《でんつう》ビル計画」である。リーダーは木村(一夫)さん。とするとここでの大将は木村さんということになり、彼はまさしく兵隊だ。しかも新入りの二等兵だ。兵隊は上官の命令に従って動かなければならない。だからこそチームという組織は成り立っているといえる。でも大将むきに生まれてしまっている彼には、そういう一兵卒《いっぺいそつ》のようなことはできそうにない。

どうなったのか。「遅刻《ちこく》の常習犯《じょうしゅうはん》」になったのである。もちろん彼は、それを故意にやっているわけではない。彼は、朝から事務所へ出かけるなどという器用なことを、するつもりはない。仮にそのつもりがあっても、出来るわけはない。「月給泥棒」といわれれば、その通りと答えただろう。

吉岡さんと荘司《しょうじ》さんは、彼の遅刻に頭を悩ます。二人は、大学の先輩であるとともに、事務所での先輩でもある。しかしこの二人が悩んでみたところで、大将向きの男をどうにかできるというものではない。

しかし運命は、彼に味方した。所長の神谷さんは、人を見る目をもっている。そしてひとつの指示を出した。

「あいつはチームを組めないから、単独でやれる仕事にまわわせ」

ここで「単独」とは、彼が大将に等しい身分になれることを暗示している。といっても、丹下さんの手のひらの上という限られた領土内のことではある。手のひらから食《は》みだしたり、指の間から足を踏みはずしたりしたら、これはもう「風で吹き飛ばされた張子《はりこ》の獅子《しし》王《おう》」で、それから後は、うらぶれた町の隅の空地にころがっているよりしようがない。

吉島大将の仕事は、「築地《つきじ》計画」の模型つくりである。手ならしに稲塚案による「電通ビル」の百分の一の模型を作ったけれど、これはまあ築地計画への踏台である。

皆さんは、たかが築地計画の模型と言ってはいけない。築地計画は丹下さんの構想のなかにあっただけで、模型にできる計画案があったわけではない。だから彼は、「案」も考えなければならない。

しかもこの模型は、東京都の「特定街区《とくていがいく》」制度制定を視野《しや》に入れて、新しい時代を画する新しい形式の超高層ビル群の提案である。その舞台は、築地の電通ビル周辺地区でそれは更に広く拡大していくことになる。

彼は、土岐《とき》（新）さんに協力を頼んだ。土岐さんは二年先輩で、聖心《せいしん》女子大学の建物を担当していた。しかし頼んでみたものの、土岐さんと相談づくでデザインを決めるなどということはできない。二年先輩であっても、自分の言いなりにやってくれればいい。といってもこれは、礼を失する。とすると土岐さんの協力は欲しいけれど、邪魔な存在でもある。

土岐さんの協力は、日曜日だけである。なぜならウィークデーにおいては、聖心女子大学の設計の仕事があるから。模型づくりの最初の日曜日がやってくる。やってきてしまう。ところが土岐さんが、「腹が痛い」と言い出した。虫垂炎《ちゅうすいえん》だったのである。彼は、土岐さんに同情しながら、他方ではほっとしている。

幸と不幸とは、一枚の紙の裏表《うらおもて》である。見る方向によって、幸にみえたり不幸にみえたりするだけのことである。こういうことは、古代中国の思想家・荘子《そうし》が、すでに紀元前にそう指摘《してき》している。そしてこの荘子は、幸は不幸なのかもしれないし、不幸は幸なのかもしれないと語っている。とすると吉島大将は安心してはならなかったのである。

築地計画の話になると、彼は「躁《そう》」の状態になり、今でも口がとまらなくなる。第一案と第二案とがあるのだけれど、キーワードで示せば、次のようになる。

空中廊下でつながれた超高層ビル群
築地川掘割《ほりわり》を利用した環状道路
築地川地下の大駐車場
帯状の大ショッピング・センター
銀座・晴海《はるみ》通りのペデストリアン・デッキ
築地本願寺と対するアミューズメント・センター
建物はラーメン構造で壁体はラティス構造。竹籠《たけかご》のような外壁で囲ってあるラーメン構造というわけ。

そしてこれは、その年の一月に発表の丹下さんの「東京計画」と結びついている。つまり電通ビルの周辺地区から東京湾および陸上部へと拡大してしまったことになる。そしてこの模型は、翌年の夏、ドイツのハンブルグでの国際見本市に出品される予定になっている。それは、ジェトロがらみである。

この模型つくりには、「アラン・ドロンさん」が配されてきた。彼は何よりもハンサムで、朝早く出勤し、便所や机のまわりを掃除し、いうなれば事務所の優等生である。

築地計画（丹下健三・都市建築設計研究室にて担当）１９６５／彼はこの仕事で精根つき果てた　写真・村井修

ところが吉島大将は「紙《かみ》喰《く》い虫」と言われ、一日にトレペ一本は使ってしまう不良である。スケッチを描いて考え、考えてはスケッチを描く。その繰り返しである。捨てられたスケッチは、紙屑《かみくず》として床に捨てられる。彼のまわりどころか、設計室ぜんたいが紙屑で埋まったような状態になる。

事務の女性から苦情が出る。大判《おおばん》のトレペの消費量が多すぎるというのだ。でも丹下さんの言葉がいい。

「製図道具や紙をけちっては、いい仕事はできません」

いい仕事を志《こころざ》している人しか言えない言葉である。

また彼だって、順調に計画案がまとまっていったわけではない。彼は、どうしようかと悩みぬいている時、丹下さんは一言《ひとこと》アドバイスしてくれた。ただし彼の顔を見ないで、背中からである。

「計画には、「疎《そ》」の部分と「密《みつ》」の部分とあっていいんじゃないですかね」

彼は、なるほどと新しい考えのとっかかりを摑《つか》んだ。

もちろんこれらは、模型つくりのための原案である。

模型つくりは、大森の石黒模型屋さんの家で行なわれた。石黒さんは、もとは木型職人だったという話であるが、当時は朴《ほう》の木で建築模型をつくる日本一の名人である。しかも一緒に考えてくださり、同時にアイデア・マンでもある。

彼は、地区のパースを描いて、ディテールを決めていった。普通はこの逆をしている。

彼は、石黒さんの家では積み上げたベニヤ板の上で寝て、追加模型のための図面を書きおこし、それを石黒さんに渡す。

五月末だったか六月はじめだったか、梅雨《つゆ》の頃である。蝶ネクタイ姿の丹下さんが、革《かわ》ジャン姿の磯崎（新）さんを伴って、店にあらわれた。

アラン・ドロンさんが、丹下さんに説明している。彼は隣りの台所で、黙々《もくもく》と図面を書いている。「デザインを決めている僕が説明役のはずだ。アラン・ドロンさんは、手伝いの学生を手配し、丹下さんと僕との間のクッションにすぎない。なんという仕打ちだ。丹下さんと同郷だからではないのか。自分は疎外されている」と感ずる。大将の心は傷つけられている。

今まで丹下さんが口をきいてくれたのは、ただの三回。「紙をけちるな」、「計画には疎と密があっていいのではないか」そしてもひとつ、彼が設計室でトレペの紙で埋まっている時、「君は興奮性《こうふんしょう》だから、くれぐれもタバコの火には気をつけるように」という三つの言葉だけなのである。大学では教育を、所内では多くの所員に目くばりし、組織だからどうしても上下の伝達の流れがある。新人の彼が築地計画のデザインを決めているとはいえ、口をきいているほど暇ではない。丹下さんだって、彼という人材の活用を考えているだろう。でも彼は許せない。

模型は五百分の一で、一メートル角《かく》の台の上にのせられた二枚。これは、東京大学都市工学科の建物の屋上に運ばれる。撮影は、写真家の村井修《おさむ》さん。彼は村井さんには思い出がある。彼自身がバルサで作った築地計画の模型を、村井さんに撮影してもらったことがある。このとき彼は、プロの村井さんにたいして指示していたのだ。

「正面は逆光《ぎゃっこう》にして、側面に光をあててください」

村井さんは温厚な人だから、天動説の若者の言葉に従って、撮影してくれた。

丹下さんは、コール天の上衣《うわぎ》に黒色のスラックスというラフな姿で、ニコンのカメラで撮りまくっていた。このようにして築地計画の作業は終る。

彼は精魂つき果てた。半年ほどのあいだではあるが、やり甲斐《がい》のある仕事はした。しかし「大将の時代」は、ここで終ってしまったのである。ここにはもう、大将としての席はない。ひとつの結果として、持病《じびょう》のヘルニアを悪化させていた。

どうしようもなくなって、九月二十六日に高山へ帰る。幸いなことに、健康保険証が使える。神は、彼のためにしばらくの安息《あんそく》を与えたのか。

あほな企画《きかく》

「食うものはなし。おやじを殺し、おふくろを殺し、自分は首をくくろう」

彼は、物騒《ぶっそう》なことを言う。

「でも、やめました」

昭和四十一年（一九六六）三月七日月曜日のことである。高山銘酒「鬼ころし」を持って、私の家へやってきた。東京へ戻ってきたのである。

顔色に艶《つや》がなく白っぽい。少し痩《や》せたようにみえる。私は、そうかもしれないなと、想像する。彼は、高山の久美愛《くみあい》病院を退院したばかりなのだと想像するから。

「手術の前の日に、友だちと大酒飲んで、酔っぱらってしまったでしょう。翌日、手術日になっても、酔いは十分に醒《さ》めきらない。おかげで麻酔《ますい》がよくきかず、あばれたんですね。手術中に。先生のメスが定まらず、切らなくてもいいところまで切られ、退院は一ヶ月以上も延《の》びました」

彼は衰弱してしまったわけだ。退院後の彼は、土蔵の二階の押入《おしいれ》のなかで寝て、安静にしている。押入といっても襖《ふすま》はない。白い木綿《もめん》の布が垂らしてあって、目隠しとされている。

丹下さんの事務所へは行けなくて迷惑をかけてしまった。そのようにみえる。それに、あそこにはもう大将の席があるとも思えない。ない。ありはしない。

「飛驒・高山綜合開発計画１９６６」に付せられた表紙（大きさ：30cm×42cm、38頁）

メモがあったな。「スコピエの図面に、すみませんが影をつけてください」。たしかに配置図に影をつけることは評価されているらしい。ほかの奴は、どうしてあんなに、ぶきっちょだと感ずることもある。でも「すみませんが」というのは、どういう事だ。これはもう、僕は丹下さんから外《はず》れた他人ということだ。見捨てられている。たしかに。失恋もした。始めてのことだ。これは、つまり彼女を他人に奪《と》られたということだ。奪ったのは誰だ。あいつかな。あいつは少しおかしかったな。偶然にしても偶然すぎる。だから嫉妬心《しっとしん》が湧《わ》いてくる。

家には、もう米がない。アメリカは北爆をつづけ、ピンク映画やモンキー映画がはやっているというのに、僕の家の米櫃《こめびつ》はなんという状況だ。ベトナムの農民よりひどい。そしてそれに勝《まさ》る衝撃的状況は、母屋に

「差押《さしおさ》えの赤い札《ふだ》」

が貼ってある。税金を滞納してきたからである。ここから追い出される。追い出されてどこへ行くのだ。

彼は、土蔵生活をしながら、絶望していたのである。絶望は、きわめて危険な徴候《ちょうこう》だ。アラン・ボンバールは言っている。『実験漂流記』のなかで。「死を決心させるのは、水や食べ物ではない。絶望だ」。ボンバールは、漂流の体験で悟《さと》った。今はフランスの救命ボートの中には、かならずこの本が入れてあるという「最後まで絶望するな」ということだ。アメリカ人なら「ネヴァ・ギブアップ」というところだ。

でも、まあいい。と私は思う。彼は、一家心中をやめたといって、東京へ出てきているのだから。そう思うことにしよう。でもね、と私は思う。「衰弱も極《きわ》まると、自殺する力

などありはしない。生きる力をもっていたから、生きているだけなのだ」と。

考えてみれば、彼は七ケ月ぶりに東京へ戻ってきたことになる。といって東京であてがあるわけではない。八年前の十九歳の年、受験のために高山を去るのは「高山がいやでいやでしょうがなく、高山なんぞ忘れたかったから」だ。そして同じことが、二十六歳の年にふたたび起きている。

「大阪の松尾さんという方《かた》も来られ、家を売ってほしいと言われました」

村野（藤吾）さんのいう「興行師の松尾さんのことかな」と勝手に想像する。

「それで？」

「おことわりしました」

理由はきかない。結果だけでいい。


彼は、病後の土蔵生活の四ケ月間に、衰弱と絶望感のなかで、安静にしていただけなのか。そうではない。

「僕はね、高山で変ってしまったのです。よれよれの生活のなかで、一度、挑戦してみようか」と。

そして彼は『明日の高山の都市』という報告書を作成したのだ。またの名を「飛驒・高山総合開発計画一九六六」とする。これは、中部圏総合開発計画のなかに高山を位置づけ、飛驒の生活空間の特性を分析し、保存すべき高山の建造物八十六件を選定し、図上にプロット。そして今後高山が求めるべき産業の型と、都市成長（再開発）の手法を提示。それによって生まれるであろう「都市景観」を想定する。そして当面、メディアを通してのキャンペーンを計画し、そのコストも試算している。

なるほど高山も、観光客も次第にふえているようだ。でもそれだけで高山が、生きていけるとは思えない。そこで彼は、観光とともに、それ以外の産業施策が、高山市の行政としても必要ではないかと、考えたわけだ。

そしてこの報告書に、「メタ・スペイス・プロジェクト」の表紙を付けた。そして吉島アトリエの第一巻の成果とした。いささか若気《わかげ》の至りの感はまぬがれがたい。

「ほかの人には伏せて、見せていませんけれど」

しかし彼にはカネがない。報告書に添える図面を書く製図板がない。そう買うカネもない。そこで、飛驒実業高校の八野《はちの》忠次郎先生にお願いして、学校の製図板をお借りすることができた。八野さんは、八代目阪下甚吉《さかしたじんきち》の弟子として、大正年間に吉島さんの家の屋敷の整備工事に携わった方である。

彼は、製図板を運ぶ。赤い国産のスポーツ・カーが通る。ニッサンのフェア・レディだ。それを運転していたのは、同年輩の若者である。羽ぶりがいいということだ。それに較べるとわが身は、どうなのだ。恥ずかしい思いをする。でも必死になって、文庫蔵《ぶんこぐら》の前の離れ座敷で報告書作成にうちこんだ。

「カネはないけれど、高山のことを思うと、自分の専門を生かした大きな仕事をして、貢献したいという気持。僕にも、ひどくまじめな時期もあったのです」

そのころの彼は、恐れを知らない。捨て去るものは捨ててしまい、日々の糧《かて》にも事欠いているという気持がある。どん底からは、もう落ちようがない。力は、そこからわいてくる。

彼は自分の報告書をかかえ、高山市役所へ持って行く。三月もごく始めのことである。幸いにも助役と五、六人の土木課の人が集まって、彼の話をきいてくれた。

「アホか……」

これが、唯一最大の反応であった。彼の報告書にたいするこれほど簡単明快な回答はない。高山という町で、総合計画などという大きな仕事は、東京という中央の大家《たいか》がなすべきことなのである。高山市は、今高山に住みうろうろしている衰えた肉体の若者には、そういう事を立案する資格など決して与えはしない。地元の専門家を育てる意図など、さらさらない。ほかの地方都市を見たらいい。例外なしに、中央指向型なのである。

利口《りこう》な奴は、故郷へ帰らないで、「しがないとこ」に事務所を構え、「しがない仕事」をしていても、東京におれば、故郷の人に尊敬される事を知っているから、そういう生き方をする。

良心的な奴は、東京でいちおうな成果と評価を手にし、これからは故郷《ふるさと》に帰り、故郷に貢献し、事務所を故郷に移す。骨は故郷に埋めよう。ところが今まで彼に仕事を頼んでいた行政も財界もそっぽむき、故郷の民は「都落《みやこお》ちめ」と無視し、時には袋叩《ふくろたた》きにしてしまう。

そういう事が、彼には分っていない。彼は市役所から、土蔵の二階に戻ってくる。畳の上に仰向《あおむ》けになる。小窓から見えているのは空《そら》だけである。空《そら》は空《くう》なのだ。どん底の底には、まだどん底があったのだ。

高山の金槌《かなづち》は、彼の心を打ちのめした。高山は、「飛騨の匠《たくみ》」の里である。匠は、大工であり一位細工師《いちいさいくじ》であれ、金槌を使う。だから金槌を入れた諺《ことわざ》が多い。たとえば小柄《こがら》で小《こ》太《ぶと》りの人を、「カチ込んだような人」という。高山は、彼の頭を叩く金槌に、事欠《ことか》かないのだ。カチとは金槌のことである。

そして自分がいやになってしまう。

「あの報告書の文章で、青臭《あおくさ》く、無知とインチキが同居し、ハッタリに終始している」

彼は、高山での何もかも忘れたく、市役所から戻ったその足で、東京へ飛び出してきたのだ。自己嫌悪《じこけんお》で自分が「うつ」の状態にあるのが分っている。先生のとこへ行くと、理由はわからないけれど、「躁《そう》」になって口も軽くなり、ブレーキがかからない状態になったものだ。でも今回はそうなりそうにない。

「丹下さんの事務所へ挨拶に行った？　神谷さんだって、心配しているぜ」

「そうです。正式に退職していませんから、きちっと挨拶し、お礼も申しあげておかなければなりません。何ごとも、始めより終りのほうが大事ですからね。これから行くつもりにしています」

「この「久寿玉《くすだま》」ね。たしかに貰った。ありがとう。いただいたからには、あなたにあげる。丹下さんの事務所へでも持っていけよ」

「丹下さんの事務所のほうには、二本用意してあります」

「二本も。そうか。でも三本でもいいだろ。食うものがなくても、酒を買うカネはあったというのかね」

「そう言われると、恥ずかしいのですけれど、借金してきたのです」

「誰が？　あなた？」

「いえ、おやじ。もう売るものがなくなって、蔵《くら》も渡してしまおうか？　いえ、もうそろそろ登記がえにしてくれと、言われているのです」

「担保に入ってたわけね」

「五つの蔵、全部です。要するに腹《はら》と尾《し》っぽは、まるっきり他人のものにしたわけ。そして残っているお頭《かしら》には赤札《あかふだ》が貼ってあって」

だからといって、そうしたからといって、そういう手続きでカネが出てくるわけではないだろうと、言いたい。でも私は聞くだけだ。他人の家庭のなかに立ち入るなんていうのは、失礼なことだ。同情というのは侮辱だ。

でもいつだって「こうなってしまいました」というお話ばかりだ。私が言えるのは、「あなたの家は、いい家だ、いい家だ」と言いつづけるだけだ。「吉島家住宅」は、高山どころではない、日本の文化財なんだぜ。もしかしたら人類共通の遺産だ、なんて言ってみたいと思わないわけではないが、現実はそうなってない。赤札が貼ってある。それに私は、照《て》れ屋《や》なんだ。たとえ真実だと思っていても、言えない。

「ノーマン・F・カーヴァが写真を撮っていったろ。「市長の家」と書いてあったね。カーヴァが訪れたのは、私たちよりの前のことだ。だから市長さんは、日下部礼一《くさかべれいいち》さんだ。でも写真は、吉島さんの家の柱と梁だ。見ればわかる。そうだろう。

世界の目ききには、分っているのだ。白川郷《しらかわごう》だってそうだぜ。荻町《おぎまち》の明善寺《みょうぜんじ》の「ひげのおじさん」に泊めてもらって、ひと夏を過ごし、言葉もそんなに通じたとも見えないのに、ドイツ語の詩を残して、さよならしていった。スイスのひとりの学生さんだ。あのひげのおじさんさ、「これ読めないよね」と、仏壇の抽出《ひきだ》しから出して見せてくれた。「読めますか」とおっしゃるから、手にとった。

「ここの村の人たちは　みんな　親切だった
田んぼの間の小川を通ると　蛍が飛び交《か》い
巨大な合掌造りが静かなたたずまいをみせている」

まあ、そんなような詩だ。文化が文化を生みだす作業をしたのは、アメリカやスイスから来た若者だ。もっとも、斐之《あやゆき》さんはしたね。千船《ちふね》さんは？

今の高山の人は、どうしてなんだろうね。決して「いい」なんて言わないね。私の知っているかぎり言ってたのは、棟梁の住井兵太郎《すみいひょうたろう》さんだけだ。春の始めだったから、火燵《こたつ》にあたりながら、おっしゃってたぜ。前にも話したろ。

「日下部さんの家は、はで。吉島さんの家は、こうと」

表現が、京都風だね。「こうと」なんていう言葉は、金森長近《かなもりながちか》が高山城に赴任《ふにん》する時、京都から茶の湯といっしょに持ってきたのかね。

でも優れた建物というのは、たとえ赤札を貼られても、始めから弾《たま》に当《あた》らないようにできている。

「豊臣秀吉さんが、あれだけ戦場を駆けめぐって、かすり傷ひとつ負わなかった。天下を支配し関白になるような人物は、始めから弾が当らないようにできている。

建物だって同じだぜ。吉島さんの家だって同じだぜ」

これは、理由のない激励である。

随筆《ずいひつ》とコラム

彼が訪ねてきて二週間ほどして、『芸術新潮』の編集長の山崎（省三）さんから、電話がかかってきた。山崎さんとは、シアトルの噴水彫刻家・ツタカワさんのお宅で、初めてお会いした。それ以来の知り合いだ。

話には、ついでという事がある。吉島さんの家がどうしようもない状況にあり、吉島さんも困っているようなことを、話したことはある。でもそれ以上、何かを期待してのことではない。もちろん吉島さんの家には、いま差押《さしおさ》えの赤札が貼ってあるなどという事は、話したことはない。それは、私もいま聞いたばかりのことだ。

「吉島さん、高山の吉島さんの家の息子さん、なんとおっしゃいましたかね。いらっしゃるでしょう。建築家の方です。そうでしたね。その方に、随筆を書くようお願いしていただきたいのです。

あの家を持ちかねて、悩んでいるというもの、題は、あとで考えます。もっともご希望がありましたら、おっしゃって下さい。写真は入れるつもりです」

紙面は、見開きの二頁。文字の長さは、原稿用紙で八枚程度。三千二百字ということだ。この随筆は、同年の『芸術新潮』七月号に掲載された。七月号というのは、六月下旬、発刊ということである。題は、こうなっていた。

「高山の旧家をもてあます」

ところが実をいうと、これは私の文章なのである。もちろん彼だって、一度は原稿を書く決心をした。

「書きましたら、一度、目を通してください。僕は、原稿を書いたことありませんから。こういう権威のある雑誌に書かせていただけるのは、名誉なことです。『核』などに書くのとは違いますね」

『核』とは、日本建築学生会議の機関誌のことである。この組織は、彼が大学三年の時に解体していて、この時にはもう存在していない。

『芸術新潮』のもとに届けなければならない日の前日。私たちは、新宿の「風月堂」で落ち会った。約束は五時半。彼は、なんとその通りに来たのである。

私は、六時半にエレグッドさんとの約束があったから、会っていたのは三十分くらい。原稿を見せてもらい、チェックするところがあれば、チェックするだけだから、三十分もあれば十分である。

「先生、まずビール一杯」

「私は、飲まないよ」

「では、僕が。いいですか。

え、ここはビールがない？　喫茶店にはビールがないのですね。じゃあ、コオヒイ。

先生、安心してください。この通り、書いてきましたから」

彼は、A３の茶封筒から原稿を取り出す。私は、ひろげて読みはじめる。

ところがこの原稿には、「吉島家住宅」については、何も書いてない。「明日の世界における建築創造」なる大論文である。

彼は、自信ありげである。大学を卒業して丹下さんの事務所に勤め、あの「築地計画」を担当しただけのことはある。それに、将来はアーバン・デザイナーになろうと、本気で考えていた。

「それで、どうでしょう」

「だめえ!」

「駄目? 僕の家のことなどより、このほうがいいと思います。先生も、そうお考えになるでしょう。そう信じて書きました」

「ねえ、吉島さん、山崎さんから頼まれたのは、吉島さんの家のことについてだ。あなたやお父さんは、いつも「困ってる、困ってる」と言っているじゃないか。山崎さんが書いてほしいのは、その困っている悩みなんだ。

ここは、随筆欄《ずいひつらん》だぜ。巻頭《かんとう》を飾る大論文などではない」

「でも、このほうが、いいと思うのです。何しろ『ゲイシン』は、天下の『ゲイシン』ですからね。これは、それむきのいいものです」

「いい、わるいを決めるのは、吉島さんではない。山崎さんだ。山崎さんは編集長だ。その山崎さんがお頼みになったものとは、違う。完全にね」

「編集長なら、山崎さんに見せれば、このほうがいいと、おっしゃってくださいます」

「だぁめ。私だって困る。私は、取り次ぎ役だ。山崎さんと吉島さんのあいだのね。え、これ十五枚もあるぜ」

「そうです。それくらいの長さが、必要だったのです」

「こんな大論文を見せてさ。吉島家のヨの字も出ず、頼まれたものの倍近くもあって、

「はい、これでした」などと、私は言えるか。

山崎さんは、見開き二頁分をあけて待っている。原稿が届かなかった。そこでそこを白《しろ》くして、雑誌を出す。そういう事は、できないだろう。このままだと、山崎さんも、腹切《はらき》りものだぜ」

「腹切り？　切腹《せっぷく》ですか。そういう大げさなものですか。この原稿のほうがいいと思いますがね」

「吉島さん、あなたがどう思うか、それはあなたの自由だ。これはね、約束の内容と違っている。だから、約束《やくそく》を破《やぶ》ったことになるぜ」

「はあ、それはそうですけれど。あの家をもてあまして、悩んでいるなんて言われても、書くことなど、何もありません。単なる事実にすぎませんから。

吉島家などより、日本や世界の建築の行方《ゆくえ》のほうが、大事です」

「そうか。もういい。

原稿は、私が書く。これから家に帰って、すぐ書き始める。すぐ書かないと、私は気にかかって夜も眠れない。

エレグッドさんは、はやばやと切りあげてすぐ帰る。徹夜してもね。やってしまう」

「お身体《からだ》、大丈夫ですか」

「そういう心配してくれるなら、ちゃんと書いて、持ってきてほしかったね。

いいか、明日の五時。午後の五時だ。大塚駅前、山手線《やまのて》の大塚駅の前。『マルテ』という感じのいいという喫茶店があるそうだ。名前がいい。駅の出札口を出て、五十メートル以内にある。

前もって、四時に電話してくれな。

そして「助っ人《すけっと》」をひとり連れてくる。いいね。二人《ふたり》で来るのだ。吉島さん一人ではだめなんだ。二人。二人、わかったね。

そうしたら原稿を渡す。それからあなたは、それを新潮社へ持っていかなければならない。明日は締切《しめき》り日だ。夜はもう、編集の人はみんな帰ってしまっている。夜間受付《やかんうけつけ》というところへ届けるわけだ」

こうして私が書いたのが『芸術新潮』に掲載されたものである。ナマ原稿のほうは、私の手によるもので、山崎さんはそれを見たら、私の字だと見やぶってしまう。そこで吉島さんは清書しなければならない。

山手線の大塚駅は、戦前の賑わいと違っていささか殺風景である。広場のまんなかにパチンコ屋が独立して立ち、軍艦マーチが流れている。

吉島さんは、同級生と一緒に立っている。駅の出口とパチンコ屋との間のまんなかあたり。都電の線路の向うに喫茶店がみえる。そこに入る。雰囲気がない。店をまちがえたらしい。でもそういう事をせんさくしている暇がない。何しろ急《いそ》がなければならない。

原稿を、四枚ずつ二つに分ける。

「私の字と、こちらの字と違うことになります」

「そう、違う。違ってもいい」

「まずいんじゃないんですか」

「まずくない」

「二人で書いたのが、分ってしまいます」

「もちろん分る。分っていいのだ。半分はあなたで、半分はほかの人に清書してもらったということだ。そのほかの人が、私でないから、それでいい」

吉島さんの手が震《ふる》えている。他人に命令され、自分の意に添わない文章を書き写しているのだから、そうなる。

私も気の毒だと思うけれど、私だって山崎さんとの約束があるのだから、これは、そうしてもらわなければならない。

「いいか、締切りが守れなかったら腹切りものだぜ。腹を切るのは、山崎さんだけではない。信用を失って、私も腹を切る。信用は命だぜ。人は信用で生きている。そのときあなたは、のほほんとしておれる。山崎さんと私にとっては、割《わり》のあわない取引だよね」

新潮社の締切りは、夜の十時である。十時までなら、夜間受付は開かれている。

「分ってるな。ここからタクシーで走れ」

とは言ってみたものの、彼は新潮社へ行ったことはない。しかも夜間受付は、本社ビルのほうでなくて、道路を隔てて前のビルの一階である。彼は迷うかもしれないし、それにタクシー代を持ってないかもしれない。

「私も一緒に行く。確実に渡したと確認できないと、私も、今夜はねむれない。損な性《しょう》分《ぶん》に生まれてしまったな」

夜間受付は、あるべき所にあった。私は、何度も来てるから分っている。

「さあ、これで終りましたね」

空を見上げる。星が見えない。高山の空と違うのである。

「先生、僕の家のことや、僕の悩みのことを、よくご存じですね」

「よくご存じとは、恐れ入る。この十年間、聞かされっぱなしだろう」

「メモでも、してあったのですか」

「してない。頭のなかに入っている」

「それにしても、あの論文、惜しいなあ。世界の建築の運命が書いてあるのですからね。」

近代の建築は、壮大な夢を描き構築を始めてしまった。実をいうと、これは自らの手で「建築終末」という墓穴《ぼけつ》を堀るという運命を辿っているのではないかと、心配している。そうだ。プロジェクトは「幻想と虚構」のままにしておけ。

「先生、落選ばかりしているから、正当化しようとしているのではないですよ」

「上を見ろ。月が出ている。虎は、月に向かって吠えると言うだろう。この世ではな、声が大きい方が勝ちなのだ。そして勝てば正しい」

「負ければ裁判にかけられ、絞首刑ですか」

「近代建築は、西欧が生み出したものだ。アジアは西欧ではない。そのアジアの諸国のうちで近代建築への先頭をきると、西欧は叩くのだ。上手に模倣したり器用な案をつくると、いい子だと頭をなでるのだ。

これは、日本近代の栄光と悲劇だ。論文はどうした」

「捨てました」。

地獄から天国

『芸術新潮』七月号が店頭に出て、十日も経っていなかったように思う。少なくとも七月二十五日以前のことである。この日私は、朝日新聞社から『ジャパン・クォータリー(JapanQuarterly)』の原稿二十枚を頼まれた時には、知っていたことだからである。

知っていたとは、朝日新聞夕刊のコラム欄に、『芸術新潮』掲載の随筆「高山の旧家をもてあます」をとりあげ、記事にされていた件である。どなたが書かれたか知らないけれど、六百字くらいの短いもの。囲みに入っていて目立ち、内容がぴりっとしているところがあり、よく読まれている欄である。

この玉突きが、更に三つの玉突きを引きおこした。ひとつは、NHKの高山特集の番組であり、文化庁調査官からの私的な手紙であり、しめくくりが、吉島家住宅と日下部家住宅が重要文化財として指定されたことである。

世の中の価値観というのは、徐々に変っていくものではない。瞬時にして変るものである。それを生み出したのは、八枚のエッセイと六百字のコラムである。

そしてこれが、吉島家を蟻地獄《ありじごく》から（少しだけではあるが）這いあがらせ、一息《ひとい》きつかせることになった。昭和四十一年という年は、十二月二十四日誕生日前の二十六歳の忠男さん、六十五歳のお父さん、五十九歳のお母さん、そして竣工してから五十八年目の建物にとっても、そういう年になったということである。

「先生、片足くらいは、私の家の蟻地獄の中へつっこんで下さい。つっこんでいて、口だけでもいいから、おっしゃって下さい。助かります」

と言われて私は、片足はつっこんでしまっているのではないかと、始めて気がついた。そのころ或るスペシャリスト、分りやすくいえば大学の先生だ。

「蝶々のように甘い蜜を求めて飛び廻るのがいい。今は専門家が少ないから、一軒の家、ひとつの町にこだわっていたら、大部分は放ったらかしになってしまう。いま救わなければならない伝統的な町や村、そして伝統的民家、あまりに多くなりすぎている」

これは啓蒙的な精神にあふれているが、私にはできそうにない。民家というのは、モノとしてはともかくも、そこに住んでいる人のことを考えると、甘い蜜を吸ったら蝶々になって次の花に行ってしまうということなど出来ないのである。私は、そういうことをどこかの席で話したらしい。会ったこともなければ見も知らない婦人から、ひとつの俳句が送られてきた。

てふてふも　ござさふらふと　花の文《ふみ》

文化庁調査官の手紙というのは、建造物課の伊藤延男《のぶお》さんからのものである。延男さんは、同じ大学の二年後輩でよく知っている。その兄さんもお父さんも知っている。吉島さんは、その手紙を持って私の家へやってきた。その内容は、ざっと次のようなものである。

「文化庁としても、重要文化財に指定する方向で努力するから、大変だろうけれど大事に持っていいてほしい。

ＮＨＫの「高山の文化」特集の教養番組の放映は、九月だったように思う。新聞や延男さんの反応に較べれば遅いようにみえるけれど、そういうことではないだろう。『芸術新潮』と『朝日新聞の記事を契機として企画し、制作に入ったとしても、すでに放映予定の番組は同意してあるはずだから、すぐ始めたとしてもこれくらいになる。これは私の想像で、当っているかどうかは分らない。

八年まえに高山市役所へ行ったとき、市の職員からこう言われた。

「高山？　高山などになんにもありませんよ。陣屋？　県の出張所になっていて、大したものじゃないですよ。平湯《ひらゆ》へでもおいでになったら。温泉もあるし、乗鞍へも登れますし。高山からバスが出ています」

日下部さんの家も吉島さんの家も、関心の対象外で無視されている。日下部礼一さんは市長さんだったのだけれど、そこには住んでおられないで、大戸口《おおとぐち》は閉めたまま。昔からの番頭さん夫婦が留守番されているだけ。

「固定資産税が、かかるばかりで、どなたか買ってくださる方はいらっしゃいませんかね」

といいながら、亮長の根付《ねつけ》を唐木《からき》造りの机の上に並べて見せてくださる。

吉島さんの家のほうになると、町の多くの人は、よく言うことはない。「甲斐性なしで貧乏」で片付けられてしまう。高山にかぎらないけれど、吉島家住宅というモノと、吉島家の家族というものは、一体のものなのである。

そうであるのに、ころっと変わってしまう。八月十三日、高山市役所を訪れる。「高山というのは、どうしようもなく何もない町だ」と話されていたお役人さんが、強調される。

「私たちも、ここは文化ゆたかな誇るべき町で、日下部《くさかべ》さんの家も吉島さんの家も、貴重ですばらしい家だと考えてやってきました」

文化庁の二人の調査官が、高山を訪れてくる。伊藤（延男）さんと吉田（靖《せい》）さんである。国の文化財指定というのは、調査官が来た段階で決まったも同然なのである。専門審議会、そしてその上の「五人委員会」と俗称される保護委員会の審議を経ていなくても、そうなのである。前もって委員の方には資料も見せ説明もし、根回《ねまわ》しがしてある。

ただ指定には図面が求められる、彼は東京から戻っていた。多田（公昌）さん、北見（利行）さん、村上（和俊）さんの三人を協力スタッフとして引きつれ、建物の寸法とりの基本と仕方については、八野忠次郎さんが教えてくださった。寸法というのは、建てた大工さんが建てる時に寸法を決めたところを、測るものなのである。彼は図面を担当。あとはすべて八野さんの手によるもの。実測の作業は、十月に終った。

そして日下部家住宅と吉島家住宅とが、国の重要文化財に指定されたのは、十二月五日。行政は、意外に早く手続きをしたということになる。

しかし指定されたからといって、国や県や市がカネを呉《く》れるわけではない。だから吉島さんの家が食えるようになったわけではない。何事でも、いつも一歩先のことを考えていなければならない。吉島さんが、しきりと電話してくるけれど、時間がとれない。

シカゴのオルソンさんが訪ねてくるし、結婚式どころか葬式もある。何よりも、NHKの和田《わだ》さんだったか大古場《おおこば》さんだったか、持ちこんできた企画の話がある。テーマは「帰省」である。年末になるときまって起る集中的な帰省現象のことである。僕は出ても「ちょっと出《で》」だ。求められている問題は、帰省現象をどう考えるかである。

「都市は仮の宿。都市は地域集団でなくて機能集団。農村にいた時とちがって、孤独感や疎外感を抱いている。そこでひとときでもいいから、故郷へ戻り、故郷への帰属意識を確認する。帰省というのは、そういうひとときの安心を買う行為ではないですかね。でも例外の人もいます。高山の吉島家の息子さん。この方は、お帰りになりません。故郷へ帰っても、いやな話ばかり、などと言っていますよ。こういう人は、番組の対象になりません、かね」

私は、自分で吉島さんの話を出して、自分で下《おろ》してしまったことになる。

やっと彼と会うことができる。十二月二十一日。日比谷の日活ホテルで。

「借金はどれくらい」

「三百万円」

「え、三百万円。担保は」

「担保って、なんですか」

「担保がないと、貸してくれないだろう」

「そういう話は聞いたことありません。うちは節季払《せっきばら》いで、ふだんはカネはなくても買えます。大晦日《おおみそか》に払えなければ、払えないのです。ただそれだけです。昔から」

「もう今は昔じゃない。担保なしで、カネを貸してくれていないはずだ」

「おやじ、そんなこと言ってませんよ」

「カネは借りても、返すつもりはないし、返すあてもないだろう」

「そうです」

「借金はふえていくぜ」

「ふえていきます」

「そのうち、重要文化財の吉島家住宅は、奪《と》られてしまうぞ」

私にとっても他人事でなくなってしまっているから、ひとつの「智恵」を出す。

重要文化財に指定された母屋は、高山市に借りてもらう。お願いするわけだ。そのとき高山市から権利金を支払ってもらう。その権利金の額は、借金相当額、つまり三百万円を希望する。所有者の夫婦は、そこに住み管理しているのだから、相当額の給料を支払ってもらう。

「交渉はね、そちらですることだ。私は、関係しない」

管理料は、月に七万円。二人だから十四万円。なんとかなるだろうという感じである。というのは私の計算。

母屋は、高山市の「特産館」ということになった。特産品は、土間に展示してある。売るわけではない。


「先生は、僕の家にとって神様みたいな方です。借金はたまる一方で、売る物もなくなった時に、借金は利息のかからないものにすりかえ、生きるシステムを作ってくださったのですからね。

先生、先生の記念館を造りますからね。土蔵も買い戻し、復原もし、屋敷全体を昔の姿に甦《よみが》えらせる。隣りの日下部さんとの間には日下部さんのご提案のように出入口をつくり、一体とする。一生懸命におカネを溜《た》めます。

そして僕は、吉島家の「中興の祖《ちゅうこうそ》」になります」。

彼だって、本気で言っているわけではない。希望的観測を打ちあげているわけでもない。

「僕は、躁《そう》うつの気《け》があるでしょう。先生にお会いすると、どうしても躁になってしまうのです。一言でも口から出ると、ブレーキがきかず、止まらなくなってしまうのです」

「吉島さん、丹下さんの事務所での大将の時代は終った。今度は、スーパーマンになれ。去年の秋から今年の春にかけての吉島さんは、大したもんだぜ。ひどい目にあってそれでも這い上《あが》った。地面も空も見える。昔のことは忘れて、飛び出せ。でもね、油断したり手抜きしたら、飛んでおれるのは、ちょっとの間だけだ。そうなったら、また残念ということになる」

「この世は、たったの一年足らずで、けっこう変るものですね」

「もっと、上のほうに変ればいいね。今年は、そうだ。「飛驒の高山」が「日本の高山」に変身した年だ。それがまた、一瞬のあいだのことだ。「徐々に《じょじょ》」というのは、あるようで、ないのだね」

「先生、むかし、僕が高校生の時に、僕をけしかけましたね。あれは導《みちび》きです。僕も、そうなりそうです」。

目ざまし時計

契約が整い、高山市から受けとった権利金三百万円のうち、二十五万円をふところにして上京してくる。

居所も、新中野から新宿区の舟町《ふなまち》に移す。十二月のことである。これも、二階建ての木賃アパートではある。家主は、医者の鳥海《とりうみ》さん。家賃は月に一万二千円。

といって彼には収入のあてがあるわけでない。だから家賃は払えない。電気代も払えない。当然の結果として電気は止められてしまった。夜が暗くては暮せない。そこで廊下の電灯から引かせてもらい、使用料は同居人の組合に支払うことにする。水は共用だったから、使えた。でも水道代の負担分は支払えない。ある時払いということで、使わせてもらえた。

家賃一年分の滞納《たいのう》は、大きい。でも家主の鳥海さんは、虎の門病院の医者まで勤めている人だけあって、待ってくださった。ステレオをでかい音で鳴らしていたら、さすがその時だけは鳥海さんが、少し静かにしたらと注意してきた。私は知っているけれど、アパートが震えているのだ。私だって肺が繊細にできているので、肺臓が文字通り振動する。

その時に助け船を出してくれたのが、建築構造事務所の小野（新）さんと宗《そう》さん。神田小川町の千代田建築研究所というのがそれである。今までの構造計算に加えて、建築デザ

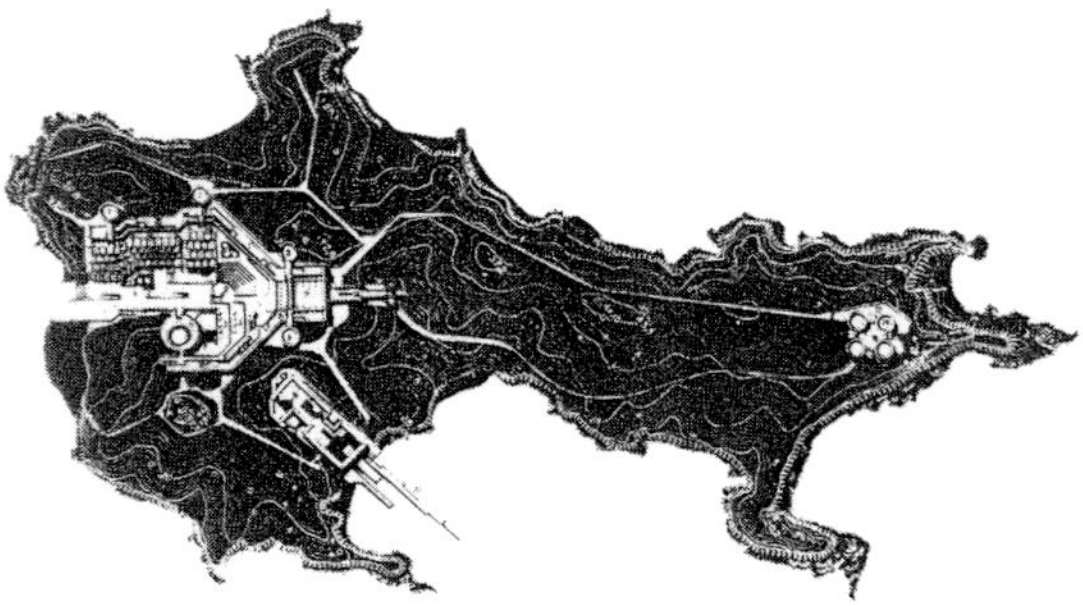

O村島セミナー集合住宅プロジェクト（C研究所のため）1969／燃え尽きた枯れ木のような彼は、数々のプロジェクトに打ち込み、生きのびた

インをしようというわけである。それで彼に白羽の矢を立て、彼の才能を買い、スカウトしにきたわけである。そのとき宗さんは言った。

「燃えつきた枯木みたいだな、お前は」

条件というのは、こういうものだった。

「滞納している家賃・電気代すべて払ってやる。所員になって、デザインしてくれ。事務所へ出てくるのは、月に一回でいい。月給は二万五千円。社会保険証も付ける」。

そういう話に乗る。設計の仕事をするのは、自宅である。月給を貰う時だけ、報告がてらに事務所へ行く。そして仕上げたプロジェクトは、次の二つ。

　横浜市H地区再開発計画（一九六八）

　O村島セミナー集合住宅（一九六九）

でも月二万五千円で、生活できるわけはない。例えば借金に歩く。小口《こぐち》の借金は、足代ということで借りる。ところが翌日、借りた家に、高価な汽車模型を持ってお礼に行く。

「僕は、デコイチのデザインが好きでね」これは、借金した額と殆んど同じ値段のものである。こういう仕かけというか、からくりというか、そういう所が、私にはよく分らない。

「あの人からは、何回かお願いして、都合四十万円、借りました」

この四十万円は、話す時には、八万円に変っている時もあるし、二万円は返していますともいう。いや一銭も返していません、などと変る。本当のところは、よく分らない。ただカネがある時とない時があったということだけは、確かである。

そのカネがある時に、一級建築士の資格でもとっておこうかと考える。

ご承知のように、試験は、初夏の学科（筆記）と設計とに分れる。なんと学科は、いともかんたんに通った。

「専門知識、とくに構造や設備となったら、これには別の専門家がいるでしょう。僕は、専門知識を完全に持っとるとは思わん。こういう事は、やり出せば限りがなく、奥が深いでしょう。通ると思ってもいませんでした。

でも試験問題の程度のことなら、僕でも知っていたのです」

秋の設計の試験に与えられた課題は
「老人なんとかの施設だったように思います。覚えとらんのです」

五ミリ厚のシナベニアの板一枚、買ってきて六等分する。一枚は、六十センチに四十五センチの大きさになる。これが製図板。これを六人にわける。T定木、三角定木、鉛筆、消しゴムを持って出かける。

設計時間は、三時間。

彼は仰天《ぎょうてん》する。

「三時間で、出来るわけないでしょう。小さな住宅でも、一晩どころか、三日でも、三ヶ月経っても、出来ません。一年経っても出来ないかもしれん。

いろいろスケッチをして、描いては捨てる。いいものを創りたい、創らなければいけないと、思うでしょう」

彼は、三時間内では出来もしないことを求められていると考えるから、怒りの髪は天を突き、馬鹿々々しくなり、試験室を飛び出してくる。

同級生や友人に聞いて始めて知る。一級建築士の試験では、建築的に優れているとか美しいとかいう事は、求められていない。建築関係の法規をクリアしておればいい。さらに予想されるであろう条件間での模範回答が、通うところへ通えば用意してあったということ。

「芸術的完成度など、なんの関係もありません。建築は、社会的存在であるとか公共の共有財である事など、考える必要などありません。倫理感《りんりかん》なんていうのは、空高く飛んで目には見えないのです。

考えてみると建築士試験というのは、優れた建築家を育てるためだというような事は、耳にしたことありませんね。行政の小使いと言ってわるければ、お手伝いなんですね」

「白井《しらい》（晟一《せいいち》）さん、知ってるだろう。ドイツの大学で哲学を勉強された方。あの方は、たしか一級建築士を持ってない。持ってないけれど、設計している。浅草のお寺とか秋田の役場とか。今度は美術館とか。

資格なくて設計しても、刑務所にぶちこまれる心配はないわけだ」

「でも高山では、そうはいかんでしょう。「あいつ、一級建築士の資格を持っとらん」ということで、業界の外へ置いてけぼりにされるでしょう。

でも東京方面では、いっこうに構わないようですね。皆さん、それなりの方は、認めてくださっていますね。まあ、いいか」。

篠田桃紅《しのだとうこう》先生から連絡がある。桃紅先生は遠い親戚で、いろいろ親切にしていただいている。「忠男《ただお》さんが、何も仕事をしないで、ほうけている」という事なのであろうか、三つの仕事をくださった。

篠田さんの住宅（一九六七―六八）

永井さんの住宅（一九六八）

西川さんの住宅（一九七四）

ここでの篠田さんとは、映画監督の正浩《まさひろ》さんという事だ。彼は、イメージ・スケッチを描く。一枚のケント紙に、なんと十六通りのスケッチが並べてあるのを見たことがある。彼は、それを見つめながら、考えるわけだ。篠田さんの住まいの要《かなめ》の部屋は、映画を上映することができる居間である。そして彼は、「デモンストレイティヴ・スペース」というドローイングを描きあげる。このスケッチは残っている。予算全部この部屋につぎこんでも、出来るとも思えない。

辛抱《しんぼう》強く待った監督さんの結論は簡単だ。

「忠男君、ありがとう。デザインは気に入った。でも僕には、そんな予算はない」

真木建設の田中（文男）社長の試算によると、吉島さんの設計では、どの案でも、最低で、篠田さんの予算の五、六倍は必要だ。吉島が気に入ってる案だったら、まあ十倍だなという事である。

だからといって彼は、デザインの変更を拒む。それは、質の低下だ。それは譲れない。そこで吉島さんは、設計から下りることになる。篠田さんは、例の笑顔をみせながらこうおっしゃる。

「僕も、芸術家として、忠男さんの気持はわかる」。

永井さんと西川さんの家については、基本計画しただけで、島崎（隆）さんと青木

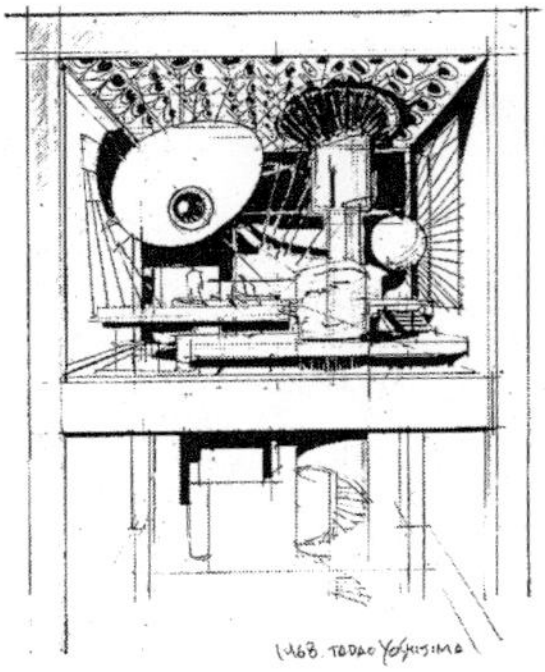

篠田夫妻のための住宅スペースのイメージスケッチ

図4

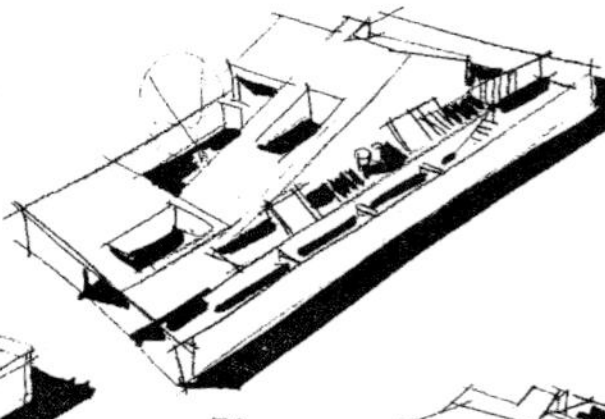

図2

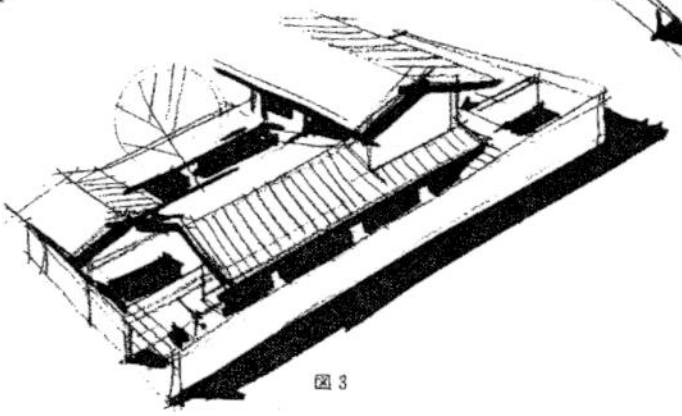

図3

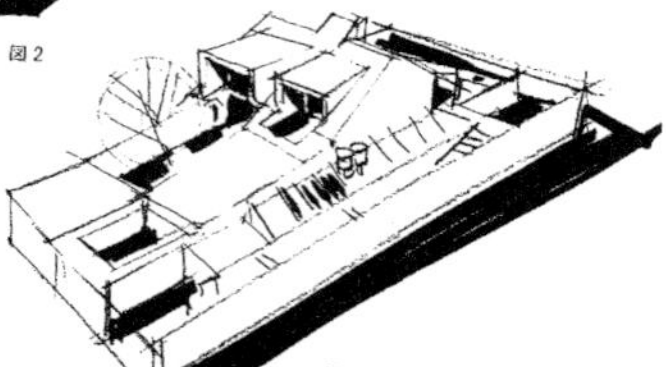

図1

N邸基本設計の過程図1〜図7（1974）

（正）さんとに渡してしまう。出来上りについては、彼は見たことない。

事務所からの報酬は、二万六千円に上っている。しかしそれで生活できるわけではない。彼が事務所へ行っているのか、行っていないのか、よく分からない。

「たまには、顔を出せよ」

私は、彼にそう言う。

「僕は、駄目なんです。目がさめんのです。さめれば行きます」

彼のアパートは、荒木町《あらきちょう》から曙橋《あけぼのばし》へ下る坂の途中、つまり舟町にある。一階のいちばん奥が、彼の部屋である。ノックする。答えがない。いないかと思ったら、ドアーがあく。

「私は、すぐ帰る。これね」

直径十センチほどの丸型の目ざまし時計を、私は、親指と人差《ひとさし》指とでつまんでみせる。

「え、目ざまし時計ですか」

「あしたからは、八時に起きて出かける。飯《めし》を食うか食わないかは、君の自由だ。顔は洗えよな。ごそごそ何かしてたって、十時には着けるだろう」

「はあ、ありがとうございます」

翌日の夜、十時すぎ。帰っているはずだと思うから、ノックする。

「いるか?」

ドアーがあく。彼は居たのである。

「今日は、事務所へ行ったの?」

「はあ、それが、行かなかったのです」

図5

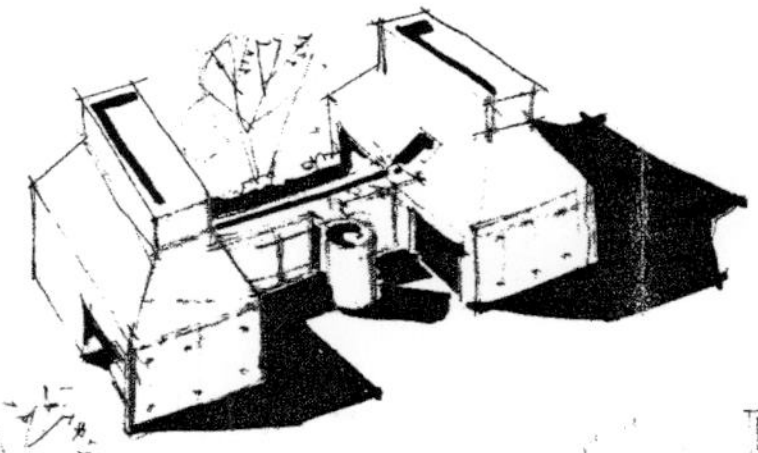
図6

図7

「どうして？」

「あしたは、まとめて行きます」

本棚の二段目にあるはずの目ざまし時計の姿が見えない。製図机の下は枕もとになるから、そこかなと下をのぞく。見えない。

「いつ？」

「質《しち》に入れました」

「きのう」

「私が持ってきた日だぜ」

「そうです。すぐ質に入れに行きました」

私も、おせっかいな事をしたものである。

「毎日新聞の仕事をしたら。住宅のイラスト書きだ。週に一枚。週刊誌だから割《わり》はいい。あなたの腕なら、三十分の仕事だ。するかい？」

「え、します」

「じゃあ、これが資料。締切りは火曜日の十二時ね。毎日新聞社、知ってるだろ。パレスサイド・ビルというやつさ。あそこのロビーで待っている。まず私に渡せ。そして一緒に行って、牧さんには、十二時までに渡さなければならん。挨拶しよう」

「はあ、分りました。これは月にたった四回で、千代田より遥かに上ですね」

私は十一時から待っている。十二時へと刻々《こくこく》近づく。十二時すぎる。来ない。五分ぐらいだったら待ってやろう。牧さんだって、許してくれるだろう。

五分も経たないうちに、鞄をさげた彼が、息せき切って入りこんできた。そして私の前に、土下座《どげざ》する。「衆人環視《しゅうじんかんし》」という言葉は、こういう時のためにつくられたものだ。

「できてません」

歩いて通りすぎる人は、まだいい。受付の二人の女性は凝視《ぎょうし》している。こういう時には「凝視」という漢語が、まことに適切なのである。彼は二人の女性に射すくめられている。

「え、できてないの？ 昨日、電話した時は半分できていると言ってたろ」。

「手がふるえて、書けんのです」

それから二人で牧さんのところへ行って平あやまりだ。

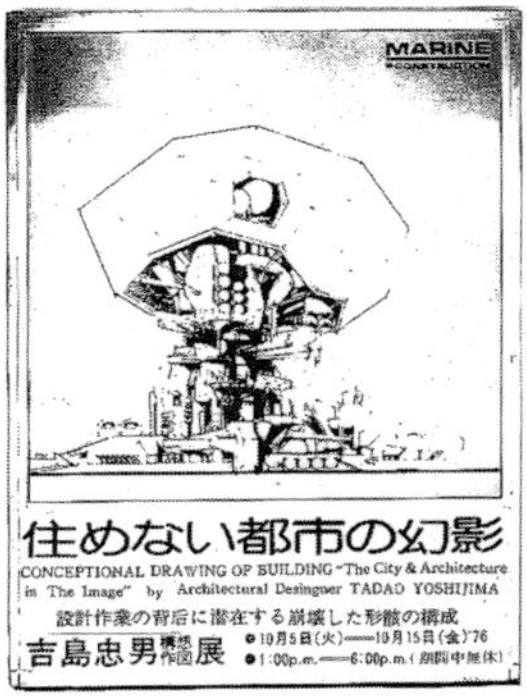

吉島忠男展ポスター（1976）

偉大なる幻影《げんえい》

昭和四十三年（一九六八）二十八歳の年。千代田建築研究所のための三重県のセミナー集合住宅案を仕上げたのち、篠田さんと永井さんの住宅は抛《ほう》り投げたも同然のとき、ひとつのドローイングを描きあげる。それが一気《いっき》にだ。題してこういう。

「カリカ・アーキテクト・マシン」

意訳すれば、こうなるのであろうか。

「諷刺的《ふうしてき》・建築家複合装置《ふくごうそうち》」

ここには、一九六〇年代後半（昭和四十年代前半）に、独自の創造概念を打ち出していた世界の十三人の建築家が選び出され、彼等に特有な造型が組みあわされ、ひとつの幻想的建築複合体として、まとめあげられている。

十三人の建築家は、右からこうなっている。

ケンゾー　タンゲ　（丹下健三）
ロン　ヘロン
アラタ　イソザキ　（磯崎　新）
ピーター　クック
ハンス　ホライン
ローレンス　ハルプリン

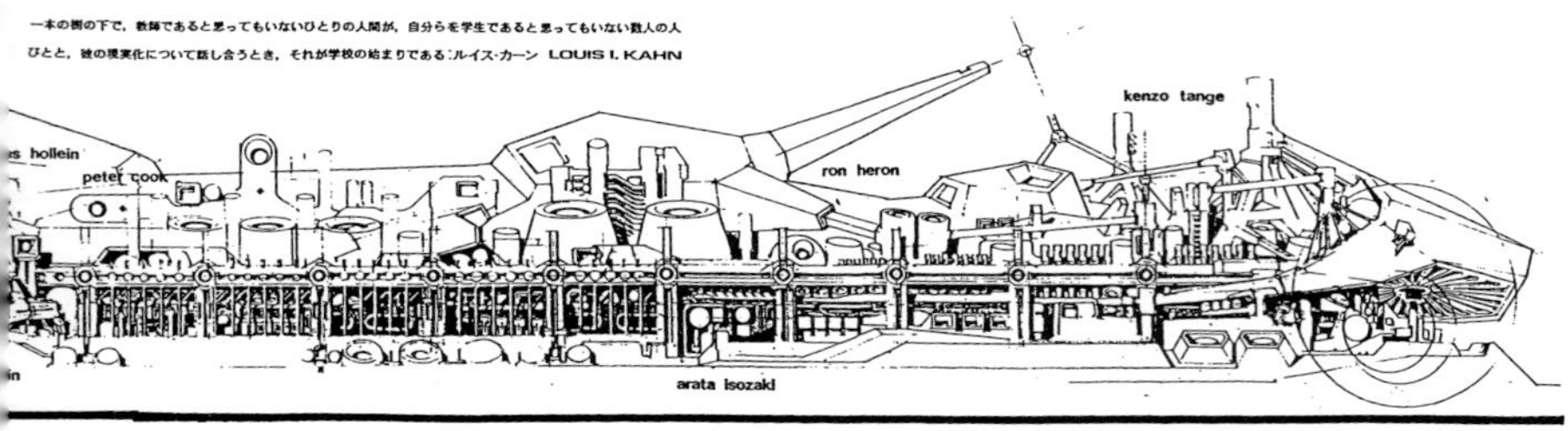
一本の樹の下で，教師であると思ってもいないひとりの人間が，自分らを学生であると思ってもいない数人の人びとと，彼の現実化について話し合うとき，それが学校の始まりである：ルイス･カーン　LOUIS I. KAHN
hollein
peter cook
ron heron
kenzo tange
arata isozaki

カリカ・アーキテクト・マシン１９７６／彼にとって現代建築は幻影と化した

タロー　オカモト　（岡本太郎）
デニス　クランプトン
ルイス　カーン
ヒロシ　ハラ　（原　広司）
キヨノリ　キクタケ　（菊竹清訓）
ノリアキ　クロカワ　（黒川紀章）
マイク　ウエッブ

「現代建築よ、さようなら。ざまあみろ。俺は捨てたあ。お前たちは、俺の捕虜《とりこ》だ。金《かな》網《あみ》のなかで捩《ね》じふせられ、絡《から》みあげられている」

でもこの時の彼は描いただけで、人の目からは伏せられていた。

これが発表され、人目にふれたのは、八年後。昭和五十一年（一九七六）十月五日から十五日にかけて催された展示会においてである。場所は、明治神宮、表参道《おもてさんどう》の「ギャラリー４２１」。題して

「住めない都市の幻影」

この展覧会は、篠田桃紅先生の吉島忠男さんにたいするご好意とご尽力によるものである。このとき建築家・磯崎新さんは、吉島さんに、「ゲキブン」を送る。このゲキブンが、もし「激文《げきぶん》」なら吉島を励ます文であり、もし「檄文《げきぶん》」ならわが思想と通ずるものがあるという自己主張の通告文である。

もちろん「カリカ・アーキテクト・マシン」は、展示された作品のひとつである。

「これはいい」

と、私は買うことにした。作品は、あとから届けますと言う。展覧会の作品というのは、そういう扱いになっている。

「先生、持ってきました。お買いあげいただき、ありがとうございました。本当は、ただで差しあげなければならないのに——」

いかにも彼らしい殊勝《しゅしょう》なことを言う。しかし彼が持ってきたのは、「カリカ・アーキテクト・マシン」ではない。

「えっ、これ、違うって？　先生が、ご指定になったのと違います？　でも先生、このほうがいいのです。先生がご指定になったのより、僕はこのほうが好きで、いいと思ったから、持ってきました。先生ご指定のものは、もうありません。どなたか持って行かれました」

いつだって太陽は、彼のまわりを廻っているのだ。

「悪かったですか？　そう思いませんがね。今から変えろといわれても、もうどうにもならんのです。先生、ご指定のより、このほうが大きいじゃありませんか」

「大きさで買っているのではない。好き嫌いで買っているのだ」

「そりゃ、そうですけれど、デザインの点でも、このほうがいいと思います。先生は、面喰《めんく》いでしょう」

「面喰いだ。でもそんなの、関係ない。好きか、嫌いかだけだ」

「では、好きになってください」

結局のところ私は、「カリカ・アーキテクト・マシン」のアルフォト・コピーを手に入れることができなかった。私の感じではあるが、吉島さんは、この「カリカ・アーキテクト・マシン」を通して自分の八年前の心を見透かれそうになるのを、恐れていたらしい。

私は、昭和四十三年（一九六八）当時の彼を思い浮べる。カネはないから借金する。千代田建築研究所の月二万五千円では、どうにもならん。頼まれた仕事は、納得できんから途中で抛り投げる。走ればつまずき、病気をして押入の中で寝ている。

あげくの果てに、現代建築は捨て、今は盛《さか》りの世界の建築家どもを、ひとからげにして、自らの挫折《ざせつ》感をごま化しているのが、これなのだ。ということらしい。だから八年のあいだ、この作品のあるのを私は知らなかった。

でもこれは、見事な造型群である。当時の世界の建築世界の象徴であり、同時に自分の作品として利用してしまっているようにみえる。彼は、自分の姿をいやだと思い、自分を卑下《ひげ》しながら、自分が目ざし度いとひそかに思ってる建築造型の表現でもある。

しかし私が想像するような動機だけで、描くとも思えない。カリカ・アーキテクト・マシンを支えている他の何かがなければならない。こういうものは、悪い条件があっていいものを生みだせるというものではない。いい事があって夢が生まれ、彼の言葉に従えば「躁」の状態になっていなければ、手先《てさき》は走らない。アパートをめぐって起きているどうしようもなくひどい状況では、そこにあるのは「うつ」だけだ。

そうなんだ。彼は、銀座のバーに通っていたのだ。

バーは、銀座の七丁目。まあ一流といってよいだろう。この調子のよい話はどうしたというのか。遊ぶカネというのは、どこから湧いてきたのか。カネがないと言いながら、実をいうと、ここにつぎこんでいたのか。

馴染《なじ》みの彼女の名はモモ。年のころは二十二、三。売れっ子である。いつも着物姿で、現代風の「見返り美人」みたいなところがある。なんとなく、あだっぽいなかに、品がある。

彼女が彼の横に腰をおろした時、あの「築地計画」の模型写真を見せられていたらしい。それと同じ写真が、建築専門誌に掲載されている。

銀座と築地は、地続《じつづ》きである。彼女は想ったらしい。

「この青年は、将来、大物《おおもの》になるにちがいない」

ありそうな話である。しかも彼は、自分でうそぶくように

「僕は、母性本能をくすぐるんです」

と、ぬけぬけと言う。

彼は、事もなげに新聞紙をやぶく。内ポケットから茶色の鉛筆を取り出す。空中を従《じゅう》横《おう》に走るビルのスケッチを描く。濃い目の青色の鉛筆で影をつける。そして最後に、赤色の鉛筆で、入口ドアーを赤く塗り立てる。実際のところ、彼はスケッチが上手なのである。

彼の仕ぐさとスケッチの出来が、モモの心を打つ。ここへ来る客の多くは、ぜいたくなブランド物のアクセサリを身につけている。ところが彼は、そういうものはひとつとしてつけていない。彼が身につけているのは、何よりも創造であり文化なのである。そこには高貴な魂があるようにみえる。そこで彼女は、彼に貢《みつ》ぐことになったらしい。だから彼は、バーでは一銭も払うことはない。だから通えたのである。

彼とモモとの出会いがいつのことで、どうした状況だったのか知らない。いつだか彼は、二十六歳の時ですと言ったことがある。これは嘘である。この年は、彼が高山でヘルニア

の手術をしていた年である。いま彼は、二十九歳。

突然にモモさんから、私に電話がかかってくる。私にかかってくる筋合いはない。彼は、私の電話番号を、教えていたのだ。こんなふうに言って。

「このあいだの、NHKの土曜談話室、ごらんになりましたか？　ごらんにならない？　そう、夜は、お仕事中ですからね。この方《かた》は、そこに出ておられた方です」

不届きな奴だ。

「吉島さん、このごろおいでになりません」

そういう事は、私の知ったことではない。

「ママには、払わなければなりません。半分でも入れてくださるとね。吉島さんは、どこにいらっしゃるのでしょう」

そういう事を、私が教えるわけにはいかない。

「あなた、お友だちでしょう。あなたが、お払いしてくださると、助かるのですけれど」

私だって、あわてる。でも払う理由はない。

「俳優さんでも、ご紹介くださると、嬉しいのですけれど」

私も、ひどく買いかぶられたものだ。私は、芸能界とは無縁の者だ。

夜更けになって、舟町に駈けつける。アパートが震動するくらい、ステレオを鳴らしているかと思ったら、来月から十万円の月給になるからそれから買う、と言う。

「このジャズを聞かんと、心が落ちつかんのです」

「それどころではないぞ。逃げろ。逃げの一手だ。払える？　払えないだろ」

「そうです」

「とにかく逃げるんだ。一年間、所在不明にする。そのあいだ催促をうけなければ、あのバーの請求書は、帳消しになる」

「へえ、そういう便利なことになっているのですか。とにかく雲がくれしておれば、いいのですね」

「ほかに手はない」

「とすると、驚くことありませんね。

先生、あの子は美人です。でも美人は恐ろしいですね」

そしてつけ足した。

「実をいうとちょっと恐ろしい取立人が来ました。幸いなことに、丹下研の井山（武司）さんが遊びに来ていました。井出さんは六尺男だ。何を言われても、おだやかで動じない。取立人は退散し、救われました。

僕は僕で「僕は毎日死にたくて仕事がないので、殺してくれ」と取立人に頼んでいたのです」。

錦《にしき》なき帰《き》郷《きょう》

「カリカ・アーキテクト・ドローイング」で現代建築への訣別《けつべつ》宣言をした時、彼はひとつの事を思い出す。もっともそれはいつも、気にしていた事ではあるが。

高山の土蔵の中で安静療養中のことである。吉島さんのお父さんは、高山図書館から一冊の本を借りてきた。「読め」と言う。

亀井勝一郎の『愛の無情』

「いろいろ考えさせられました。でもおやじは、どういうつもりでこの本を借りてきてくれたのでしょう? わかりません。ここには、身におぼえのある状況とか心理がありました。何しろ愛の無情ですから。

美と信仰、魂の誠実さと哀しさ。その語るところは明快で甘美。あの方は、恋の切なさを経験しておられますよ。

それからの僕は、建築を捨てて、仏像の世界に入ってみようかなという思いの芽が、心の隅に生まれました」。

そして実際に、それを行動に移したのは、三年後の昭和四十四年(一九六九)の四月。東京芸術大学、美術研究科大学院に入学する。

教授は西村(公朝)さん、助教授は本間さん。こうなれば明らかである。仏像修理技術の習得である。三十歳の青年は、もう悟りきった境地にあったのか。

冬休みの関西旅行は、寺の仏像を見てまわるものだったけれど、行かない。折から開かれている万博のパビリオンでも見ようとなったら、因業《いんごう》だ。

九州旅行には行った。カネが足りなくて、桃紅先生から十五万円、借りた。

でも仏像修理などというのは、性《しょう》にあわない。どうしてもなじめない。

「芸大に入ってみると、要するに僕は亀井勝一郎が期待する人間でないことが分ったのです。

芸大では「今」というのが見つけられませんでした。踏みつけられてもいい。煩悩《ぼんのう》に執《しゅう》着《ちゃく》してもよい。夢中《むちゅう》になれる「今」が欲しい。それは、仏像修理ではなかったのです。

親鸞《しんらん》、ユング、ヘーゲルなら、みんな人間で、つながっていく。でも仏像は、魂を入れたり抜いたりすること自在でしょう。これは、もう駄目です」。

「僕はああいう伝統的な町屋に生まれたでしょう。育ったところが、育ったところだから、空間も形態も身にしみついていると言われるのが嫌いで、ぜんぜん違うように意識してデザインしているつもりです。

そこで自分では、とても及ばない、手のとどかない異質の世界にたいする憧れに向かっていったのです。これは、小学校時代の洋画ののぞき見が始まりです。

同級生に近藤（征雄）君がいて、おやじさんが映画館の支配人だったので、近藤君が夜の弁当を届けに行く時、同行したのです。三日に一度変りました。

映写室へ入ったり、大看板の絵を書く仕事を見たり、切れたフィルムをもらったり、ジョン・ウエインとエラレインズのポスターは、高学年になるまで大事にして、部屋の壁に

O埠頭中高層集合住宅プロジェクト
（A社のため）1972

貼っていました」。

友人たちが、VACOM《バコム》という設計事務所を設立した。渋谷区青山のアミノ企画の第二ビルの中である。彼も参加し株主の一人ということだけれど、「カネはもっとらんので、カネは出さない」という事で、名目上は所員の一人ということになった。そして彼にとって異質のデザインが始まることになる。

「渋谷に東急のシンク・タンクのようなところがあって、僕はそこの「絵」を書いていました。冊子にのせて、地域開発のプロジェクトをプロパガンダするものなんでしょう」

彼は絵というけれど、れっきとしたプロジェクトであり、彼は魅力的な透視図としてまで仕上げる能力をもっていると、評価されていたのである。

ユニット・イン・ユニット・アーバンキューブ　（一九六九）
O埠頭の中高層住宅　（一九七二）
高密度集合装置住居　（一九七二）

それぞれのプロジェクトには、大手のスポンサーがついていた。

そして郭《かく》（茂林）さんが、曽根さんの推薦で声をかけてきた。郭さんは、わが国最初の超高層ビル建設のコーディネーターを勤めた人である。KMGという事務所の代表者でもある。私の想像ではあるが、Kは郭さん、Mは茂林、Gはグループの頭文字であろう。

仕事は、「A浜高層住宅プロジェクト」のB案の方を担当してほしいというものである。地区全体は彼が担当で、建築は平川さんということである。彼の身分は、KMGの嘱託である。

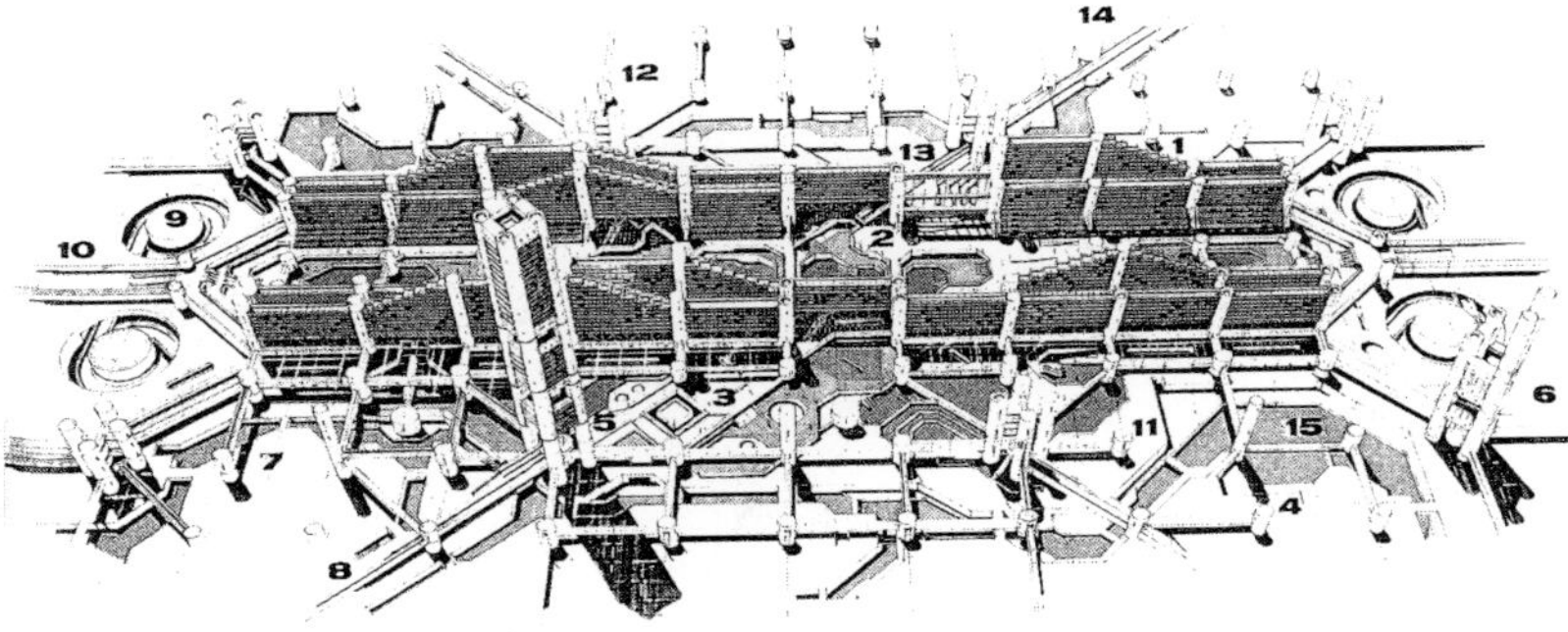

高密度集合装置住居プロジェクト（M社のため）1972

前渡金として三百万円が渡される。頃は、東京芸術大学、大学院中退の翌々年、昭和四十七年（一九七二）の夏である。

彼は、麹町・番丁・日本テレビ社屋の斜め向いにあるアパートに、事務所を構えた。なんでも前には、大橋巨泉が住んでいたというもの。家賃は当時としてはかなり高額の月十二万円。ジャズが大音響でがなり立てている。「ご迷惑ですか」。そういうわけではない。「ジャズとは古い」、「まだジャズなのか」と人は言うかもしれない。そのとき彼は答えるだろう。

「たしかに古い。新しいものは、かならず古くなっていく。古くなっても生きているのを、文化財というのだ。音楽だけでない。建築だって同じさ。高山の僕の家を見てみろ」と言いながら、高山の生家など考えてもいない。「おやじ、おふくろ、まあ、そうね」という程度。ステレオのスピーカーは相当最高級のもの。値段は一式百五十万円と答える。

「今後の運転資金？　そういう事は、考えんことにしとるのです。まだあと三回分も貰えることになっていますしね」。

問題は「今」ここでということらしい。彼に協力してくれるのは、多田、北見、村上の三人の後輩。彼等は兵隊で、彼は大将である。これは、彼にむいている。デザインを決定し命令するのは、彼なのだから。彼は、ふたたび大将に返り咲いたことになる。

このプロジェクトの締切りは、翌昭和四十八年（一九七三）の一月三十一日。年末、年始は追いこみで、彼は四谷救急病院でブスコパンの注射をしながら制作に打ちこむ。胃潰《いかい》瘍《よう》なのである。ストレスのたまる不規則な生活をし、飲んべえだからこうなるのだ。

二年前にこのプロジェクトの建築担当の平川さんと、赤坂の飲み屋で激論を交わしてい

A浜高層住宅プロジェクト（B案）1972

る。いつもの事である。いいものを創ろうとするからこうなる。

そのとき彼は、吐血《とけつ》する。ただちに駿ヶ台の日大病院へ入院する。千代田建築研究所に席があって、健康保険証をもっているのが、幸いした。

電話連絡があったから駈けつける。二月十四日の火曜日のことである。寝巻きも持っていなくて、パンツ一枚で、身のまわり品が何もなく、病室で恥ずかしい思いをしていると聞いていたから、寝巻きと何がしかの物を持っていった。

「先生、すみません」

「人並《ひとなみ》のことを、するなぁ」

まあ、そんな調子の会話があっただけである。

一週間後にも出かけて、様子を見る。

「酒は飲めないし、生活は規則正しいし、治ってしまうな。ほっといても」

退院の時は知らない。

七月十八日、突然に大学へやってきた。彼の訪問の仕方は、二通り。ひとつは、文字通りなんの連絡もなしに、突然にやってくる。もひとつは、電話をかけてくる。「お会いしたいんですけれど」。そういう時には、彼はすでに窓下にいるのである。

「そうか、じゃあ、迎えに行ってやる」

というのが、私の習わしである。彼の車に乗っている美人を見たいからである。今回は、前のほうのやり方である。

「おやじが、三度も事務所へ訪ねてきて、「高山へ帰ってこい」と言っているのです」

彼にとって今の仕事が面白い。それにこの仕事は、郭さんに頼まれた仕事で、途中でやめるわけにはいかない。A浜プロジェクトの後始末も終っていない。

「お前が帰ってこないと、あの家は」

と言われ彼も決心する。

「では郭さんから頼まれた仕事が終ったら」。

私は、お父さん上京の事情のいくらかは知っていた。なぜならその年の四月三日、高山を訪《なず》ねて、お父さんとお母さんにお会いしていたからである。それは、来年の三月で高山市との賃貸契約が切れるということぐらいで、事情がそれほど重大であるとは思っていなかった。


翌年の三月二十日の夜。翌日は二十一日で春分の日だから、祭日の前日ということになる。E・デプキさんが訪れてきていた。汚れていることではどうしようもない私の研究室に。二日前の誕生会のお礼を言いに来ていたのである。彼はベジタリアンなのに、胸は厚く体格ががっしりしている。

「去年、スコットランドのじいさんの家へ行ったら、食べ物はジャガイモばかり。コメばかりのほうがましね」

と笑わせて、研究室を出ていった。

ほとんど入れ違いに、吉島さんがやってきた。

「お邪魔でしたか」

「吉島さんも、いよいよ？」

「え、もう帰りますので」

引っ越しの用意で疲れているのか、心なしか声が小さく元気がない。帰郷の挨拶である。今まで協力してくれた三人は連れていくと言う。でも故郷に錦《にしき》を飾るというのではない。高山の吉島家住宅の賃貸契約《ちんたいけいやく》は、この三月末日をもって切れる。お父さんもお母さんも、契約を更新する意志はない。忠男に帰ってもらい、「観光施設」（彼はそう表現する）として経営しようというわけである。

経営は成り立つかもしれないと、私は想像する。そのころは、「ディスカバー・ジャパン」が始まる時代で、伝統的な民家に、流行の先端《せんたん》を行く若い女性を取りあわせたポスターが、かなり氾濫《はんらん》していた。高山も観光客は増加の傾向があり、その観光客が「見る」ところといえば、飛騨民俗村、屋台会館《やたいかいかん》と日下部《くさかべ》さん、吉島さんの町屋ぐらいしかなかった時代だから。

実をいうと、市が支払ってくれる賃料では、お父さんとお母さんの生活は成り立っていなかったのである。はじめ月に五万円、あとに掃除料を加えて六万五千円。私は勘違《かんちが》いをしていた。管理料が一人で七万円、夫婦二人で十四万円とばかり思いこんでいた。これでは賃貸契約《ちんたいけいやく》の更新《こうしん》の意志など持てるわけはない。

忠男さんも忠男さんと思う。けっこうな報酬《ほうしゅう》をKMGから貰っていたのだから。彼は両親の生活をいちおうは心配するけれど、ステレオのほうを選んでしまう。彼らしいといえば彼らしい。親不幸《おやふこう》といえば、親不孝である。でも考えてみれば、この親子は、同じことをしてきたし、今もしているにすぎない。

個人の自由とその結果については、尊重されるべきである。結果がきらびやかな成功であっても、人はねたむべきではないし、それと同様にみじめな泥沼《どろぬま》であっても、人は哀《あわ》れむべきではない。どちらにしたって、人生の結末はひとつの姿しかない。

「吉島さん、また会えるよね」

「高山でね、高山ですね」

「どうかね。みんなに、吉島さんとこへ行けと、言っとくよ。言わなくても、行きたがるぜ」。


そしてこの十年間、卒業設計に始まりA浜高層住宅に至るまでのすべてのプロジェクトそして三棟の住宅を含めて、すべて幻想《げんそう》、いや幻影《げんえい》に終った。実施の方向に辿ったものは何ひとつない。少年時代の憧れのひとつのジャズと洋画の時代は終ったのだ。

青年時代のひとりの男にとって、幻想と幻影が無意味という事はないだろう。そうではない。すべての人間にとってかもしれない。歴史の中でこの世に残るのは、廃墟《はいきょ》か遺跡《いせき》。そうでなければ消滅だ。

四人の贈物《おくりもの》

郭さんは、二百万円を即座《そくざ》に現金で貸してくれた。そのとき郭さんは、こう言った。

「まず家を治《おさ》めよ。すべては、それから始まる。治まったら、また力になろう」

家とは吉島家のことである。そしてこの言葉は、古代中国の儒教《じゅきょう》の古典『大学《だいがく》』の「斎家《せいか》」の思想の引用である。郭さんはせいが高い。よい家の生まれらしく、教養もゆたかで、家と国家の運命を同時に考えられる人である事がわかる。彼は、幸せな人と出会ったと言わなければならない。百五十万円は、帰郷後すぐに市役所へ納めることになっている。契約当初にもらった権利金の半額に相当する。しかし郭さんから借りたカネは、いずれは返さなければならない。市への残額と同様に。

翌年には観光収入が多かったので、八十万円は返した。残りの百二十万円は返せないでいた。催促《さいそく》が来る事もなかった。

なんと七年後の昭和五十五年（一九八〇）になって、郭さんから内容証明つきの書面が届いた。「百二十万円は、もう払わなくていい」。ちゃらにしてあげるというわけだ。その代りというのではない。台北市庁舎のコンペに応募するから、一ヶ月間、台《たい》北《ぺい》に行ってほしい、パートナーは高而藩《こうじはん》建築師事務所である。仕事さえすれば何をしてもいい。

郭さんは、彼の素質と才能を買い、未来を期待していたのである。

桃紅先生は、吉島家へ贈り物をされた。

「重要文化財　吉島家住宅」

という文字である。

田中（文男《ふみお》）さんは、一枚のサクラの板を贈った。ヒノキという人がいるけれど、それは間違いである。田中さんは真木《まき》建設の社長なのだけれど、二十年も前からの知りあいで、紺木綿《こんもめん》の腹掛《はらかけ》姿を知っているから、親しみをこめて「大文《だいふみ》さん」とも言う。

「吉島のためか。じゃ探《さが》してやろう」

そして翌週の三月二十八日に持ってきてくれた。これを桃紅先生のもとに届けるわけである。長さ八十四センチ、幅二十八センチ、厚さ六・三センチ。サクラのこんな厚板は特殊材で、普通の市場にある代物《しろもの》ではない。木場《きば》の知り合いの木材問屋《もくざいとんや》の倉庫の隅で、偶然に見つかればあったのかなというものである。材は乾燥している。かなり古くから寝ていたものであろう。値はあって、ないようなものである。

「カネはいいんだ。吉島にやるんだから。まあ、開店祝いだ」

桃紅先生が、この厚板に書かれたとき、長さと幅はほとんど変っていないのに、厚さが二・七センチも減って、三・六センチになっている。

どうしてか。桃紅先生は、一気《いっき》にさらさらっと書かれて、これで出来ましたということではなかったという事である。書く。というより描くというのかもしれない。気に入らない。控《ひか》えの大工に表面を削《けず》らせる。また書く。納得がいかない。削る。一回に一ミリの半分の厚さだけ削ったとしても、五十四回である。こうした繰りかえしのすえに、この掛札《かけふだ》の文字は完成される。これは、私の想像である。

吉島家の掛札／桃紅先生は文字の芸術を、田中文男さんは材料の桜を、贈り物とされた（写真：吉島忠男）

この繰りかえしの作業が、一日で終ったとは思えない。その間の精神と肉体の緊張は、ただ事ではない。この十字の文字は、愛と魂のこもった墨の芸術なのである。

彼は、いつもこのコピーを手もとにおいている。「吉島家住宅」という文字が必要なとき、彼は決してワープロの文字などを使わない。桃紅先生の文字なのである。たしかに彼は、この文字にとり憑《つ》かれている。ある新聞社の「見しとくれお宝《たから》」という欄《らん》のために、彼はこの掛札を、家の前で両手で持ってみせたことがある。

では私はどうしたのか。一冊のノートと「高山サマーセミナー」五回分（一九七三―七七）を贈ることにした。このノートには「吉島家嫡男《ちゃくなん》・吉島忠男」として、一文《いちぶん》がのせられている。千二百字。文も私からの贈物である。観光客は、ただ漫然《まんぜん》と訪れてくるのではないかと、私は想像する。そこでこの家を開放するにあたって、彼が求めたであろう高《こう》邁《まい》な哲学を、抒情をこめて書いた。それは、「人は愛されていることを求めているように、この家も愛されることを求めているのです」と結ばれている。

このノートは、「だいどこ」の奥となりの六帖の机の上に置かれ、来訪者たちは、それぞれさまざまの言葉を、文学として残していった。

高山サマーセミナーにあたっては、『新建築』誌の多大のご援助を得て、広報、事務、助成金などについてご好意を賜わり、馬場編集長は、編集員の中谷さんを事務局長として派遣《はけん》してくださった。

セミナーの表むきの目的は、伝統的空間を現代風に生かし社会に貢献することであった。しかし動機は別のところにある。「本当にどれほどの参観者があるか分らない、不安だ」というので、わずかでもいいから金銭面で足しになり、吉島家の応援者は全国にこんなにもいますよという事を、示したかったからである。

セミナーの講師をお願いする基準の第一のものは、「一流《いちりゅう》」である。この一流は、きわめて個人的な私の評価に従っている。肩書《かたがき》と有名・無名は問わない。過去は過ぎ去ったことだ。どうでもいい。今何をしているか、これから何をしようとしているかだけが唯一の基準なのである。

講師の数は、五回延《のべ》で三十七名。実をいうと三十六名は知り合いで、ただ一名、その頃は「関西の三悪人」の一人であった安藤忠雄さんだけは、お会いしたことがなかった。どの組織にも所属せず、ひとつの作品もおもちでなかったこの方に、私は目をつけていたのである。連絡先は、六月四日になってようやく探り出した。

セミナーの季節は、原則として晩夏《ばんか》。天生峠《あもう》では、もう秋風が立ち始めている。昼間《ひるま》は暑いから自由行動。開かれるのは例の森美津子さんの正文荘《せいぶんそう》なる借り切り宿泊所での夕食の後《のち》の夜。参加者は、五十名限定。場所が、吉島さんの家の土間の空間なのである。参加者は、土間に面する畳敷きの二室と上《あが》り縁《えん》。講師は、土間の縁台《えんだい》。

当然のこととして終るのは夜更《よふ》け。それから土蔵の二階に集まる。小窓ひとつの二十四帖分。ここは吉島さんのアトリエであるとともに、実は寝室でもある。それを、時には講師や事務局の人たちを巻きぞえにして、参加者の多くが占領してしまう。寝ころんでいる者もいれば、片腕で頭を支え横になり話しこんでいる者もいる。安藤さんは後者のほうである。

するときまって、吉島さんのお母さんからの差し入れがある。ビールとおつまみ。毎晩のこと。五日分の使用御礼《おんれい》として二十万円をさしあげているのに、この有様《ありさま》。私の期待は帳消《ちょうけ》しになってしまう。「吉島家」の人というのは、「いただいたものは、それにふさわしく返す」、そういう精神構造になっているのである。

この年の吉島家の柱や梁《はり》は、どうも黒ずんできているように、私にはみえる。春慶塗《しゅんけいぬ》りの透明で赤みがかって輝く木の肌《はだ》は、歳《とし》をとってしまったようにみえる。特産館時代に参観者を入れていたせいではないかと疑う。

実をいうとこれは、市役所の親切が仇《あだ》になった結果なのである。借りていた物を綺麗にしてお返ししようと、「化学雑布《かがくぞうきん》」で拭《ふ》かれたら、わずか一日でこうなってしまったものらしい。そういう話である。元のような「空拭《からふ》き」のほうがよかったのである。近代というのはときどきこのように無作法である。

「吉島さん、お父さんはこう話しておられたぜ。竣工は美しさの始まり。生活しながら美しさを高めていくのですとね」

二本の梁を段違いに受けている柱の肌を撫《な》でながら、

「吉島さん、そうだろ」

と、うしろを見る。上の方、どこともいえないが、見あげている。

「何を考えてるの？」

「何を？　蝿《はえ》や蚊《か》は、梁の上で休むのでしょうかね。彼等は、横や下っ側《かわ》では止まります。たしかに。でも考えるのです。上はどうかなと」

お父さんは、こう話されていた事がある。

「座敷は、紙で包装してありました。蝿のふんがつきますから」

彼は、それを知っているのである。

吉島さんは運転免許をとり、ブルーバードを買った。セミナーの間中《あいだちゅう》、この車は「ボローバード」と言われていた。時価三十万円の中古車だったせいである。

五年で五回予定のセミナーが終った翌々年。八月二十七日の一時半ころ、私は高山駅に着く。迎えに来ていた吉島さんの車は、新車なのである。大雄寺《だいゆうじ》まで送ってもらい、夜の九時に迎えに来てもらったら、今度は赤いろのフィアットなのである。

「車が違うね」

「ええ、二台、持っているのです」

「設計料でも入ったの?」

「ええ、まあ。一部もらいました。で、今までの車は売り払って新車にし、も一台イタリア車を買ったのです。田園調布の店でね」

「設計に必要なカネは、どうするの?」

「はあ、もうありません。でも紙と鉛筆と定木《じょうき》がありますからね。先のことは考えないことにしているのです。えーと、ここは、少し廻《まわ》り道《みち》をしていきますから。このほうが、乗り心地《ここち》いいでしょう」

「そうかね。私は、明後日《あさって》、帰る」

「いま、夏休みでしょ。先生、僕は孤独です。帰らんでください。彼女も、愛想《あいそ》つかしていなくなりましたしね。だから車を買って、気を紛《まぎ》らしているのです」

「そうなの。でも、孤独もいいもんだ。と私は思う。心と身体《からだ》としっかりしておればだけどね。

吉島さん、学生時代はひどい目にあいながら、一生懸命に走っていたろ。あの時さ、こんなの意味ないと言って、途中でやめていたら、今日の吉島さんはなかったと思うな。これは、お説教じみていて、取り消しだ。

それにしても、お父さん、どう？」

「おやじ!? 最近、少しカネがたまったんですよ。去年の秋祭り、今年の春祭りで、少し観光客の入りがよかったのです。

「京都へおまいりに行く」と言って、出かけました。東本願寺へ行ったんでしょうけれど、一週間もかかるわけないでしょう。どこかへ遊びに行ったんですよ」

「そうなの」

「だいぶ前に、高級なカメラを買ったんです。ニコンね。だから写真を撮《と》りまわっているんです。これで、今年の秋祭りの実入《みい》りの分は、ぱあです。おやじはカネを使うことしか知りませんからね」

「そろいもそろって、親子ともだよね」

「へえ、へえっ。まあ、そういう事になります。それにしてもおやじ、どこへ行っているやら。もう歳《とし》でしょう」

「おいくつ?」

「八十歳と言っているから、満なら七十九歳でしょ」

「念入りに、後世《ごせ》をお願いなさっているにちがいない」。

始めての家

設計して実現した最初の建物は、「桜上水《さくらじょうすい》の家」である。時に彼は、三十六歳。昭和五十一年（一九七六）のことである。

施主《せしゅ》の鈴木（尚之《なおゆき》）さんは脚本家。かずかずの名作を手がけ、後に映画監督『私説・内田吐夢《とむ》伝』を書きあげている。生まれは、飛騨の国府村（今の国府町）。鈴木さんにとって、飛騨高山がすべてらしいのである。

「万代《ばんだい》」の料理で「洲《す》さき」の仲居《なかい》で、「角正《かくしょう》」の庭つきの部屋で食事をとるのを最上と考えられているらしいのである。もちろんこれら三店は、すべて高山の料亭である。

鈴木さんは、映画の田坂監督の敷地を譲ってもらい、ここに住宅を建てる決心をする。当然のこととして設計者は、飛騨の人でなければならない。選ばれたのが吉島忠男さんだ。彼はまだ七代目休兵衛を襲名していないが、高山生まれである。大工さんも飛騨の匠《たくみ》の末裔《まつえい》でなければならない。用材も飛騨のものでなければならない。そして材木を刻むのも、飛騨でなければならない。

もっとも彼が設計を始めると、飛騨も東京も関係はない。なぜなら彼は、自分の空想の中に没頭してしまうからである。しかし育ちは変えられない。飛騨、とくに高山の気配《けはい》が泌《し》みこんでしまう。それは、日本人が描いたヨーロッパ人は日本人らしくなり、鼻を高くしてみたってヨーロッパ人にならない。アメリカの漫画の日本人は、眼鏡をかけ出っ歯で

鈴木邸背面図

下駄をはき、着物でも着てないと、日本人風らしくならない。そういうのと似ている。
鈴木さんの予算は、あらかじめ教えられていたのであるが、彼が設計したものは予算を越える。そういうのはいつもの事だ。そこで施主と設計者の争いになる。そうなると設計が作品になることはない。ところが鈴木さんは飛驒人《ひだびと》でできた人だ。飛驒人の心がわかる。彼はうまく操《あやつ》られ、「桜上水の家」は完成することになる。これは「歪《いびつ》な方型の家」として発表された（一八二、一八三頁写真）。

しかし予算分と現実との間には、ギャップが生じている。そのはずである。そのギャップは、何よりも外観の仕上げに隠《かく》されていることになる。これは始めのうちは、形となってあらわれない。むつかしくいえば、顕在化《けんざいか》しない。

桜上水の敷地は、「準防火地域」に属する。簡易防火構造にしないと、役所の確認がとれない。そこで外壁はリシン吹き付けとする。そうするとこれは大壁《おおかべ》造りだ。これでは、飛驒高山風ではない。飛驒で大壁造りというと、町方《まちかた》の土蔵にかぎられている。

そこで外壁の上に「付け柱《つばしら》」をした。これで真壁《しんかべ》風となり、飛驒高山風になった。問題は、この柱の材である。また雨ざらし部分に使われている材である。これが、飛驒名産の「姫小松《ひめこまつ》」である。吉島さんが生まれた家ならば、部分的に土蔵の梁に使われている。見事なものである。しかしこれは屋内だからいいのである。

姫小松は、雨に弱い。外壁の付け柱や塀そのほか雨風のあたるところには、むかない。サワラは使いたかったけれど、予算が足りない。大工は泣いてくれない。泣いたら大工稼ぎにならない。彼は、涙をのんだ。

部材の組み立て中《ちゅう》から、近所のひとりの婦人が見にくる。

「これは、いったい住宅だろうか、お堂だろうか。どちらのようにも見えるし、どちらとも見えない」

と不思議がっている。現場の大工さんが教える。

「住宅ですよ」

「それなら、この住宅を設計した建築家に、私の家を設計してもらいたいものだ」

と話していた。


「上棟式の日には、出席してください」

吉島さんは、電話してきた。

「明日の五時に、車で迎えに行きます」

その通り彼が、五時に来るなどと、私は信じていない。今まで一度だって、時間通りということはなかった。待っていたら、いらいらするだけのことである。

「迎えは、いらない。直接に行くから」

「そうですか、申しわけありません。場所は、京王線の桜上水の駅で下車して、二百メートルくらいです」

私は車輛の出口から距離を考えるから、もし二百メートルなら三百メートルを数える。たしかに分りやすいところである。その日、私は五時半前には着いていた。

二人の若い女性が来ている。鈴木さんのことだから、女優さんかなとは想う。

「あの人？　あの人はね、島田陽子」

あの人って、どちらの人のことか。申しわけないけれど、私には分らない。

「ご存じないのですか。いま売《う》れっ子のタレントさんですよ」

問題は、そういうことではない。宴《うたげ》が始まろうとしているのに、設計者の彼が来てないのだ。宴は始まり、宴は終る。遂に彼は、姿をあらわさない。やはり車で迎えに来てもらわなくてよかったなと思いながら、私も帰ってしまった。

翌日、彼は私のところへ姿をあらわした。

A2版の八枚の図面をかかえて。すまなそうな顔をしている。

「完成したら、どういう姿になるか、パースを描《か》いていたのです。いろんな方向からのものをね。棟上《むねあ》げ式に出席している方々に、お見せしたかったのです」

彼は親切なのである。ただその親切が、身にあまって届かないだけなのである。築後《ちくご》二十年くらいになると、あのギャップは、あらわれてしまう。彼も心配だから、挨拶がてら見に行く。

そしてがっくり頭を下げる。姫小松を外に使ったのがよくなかったのだ。

「黒い色が塗ってある。付け柱に」

といっても、予想通りに、なるようになっただけのことである。室内のほうは大丈夫。

大丈夫なほうは何も言わない。

そうであるのに、自分の妥協に自分自身への怒りで口から炎《ほのお》を出しながら戻ってくる。このさまは、ル・コルビジエが、自らが設計した「サヴォア邸」を見に行った時、怒りに狂って出てきた姿に似ている。それでもサヴォア邸は、近代が生んだ名作だ。コルビジエもサヴォアも死んでから後のことであるが、フランスの文化財になった。

では鈴木さんの家は、どうなるのか。それはわからない。でも「腐《く》っても鯛《たい》」らしいのである。見る人が見ると。

「なんとなく違う」

というのである。風格《ふうかく》がある。いま鈴木さんの家は、料理店みたいにも使われているらしいのであるが、つい誘われるかのように、ひきこまれて、店に入ってしまうという事である。

花《はな》岡《おか》町《ちょう》の家

桜上水の住宅は、東京だから実現したと言ってよいだろう。ところが彼の故郷・高山では、そうはいくまい。というのが私の感じである。というのは高山は天領で、幕府のお墨付きをありがたがった土地だ。彼にはそのお墨付きにあたる「一級建築士」の資格がないというより、とろうとしないのだ。それに資格を持たないからといって、設計をしてはいけないというわけではない。

主婦を見たらいい。戦前は主婦が図面を書いて、それを棟梁に渡せば、建物は出来ていたのだ。何よりも彼が生まれた家は、素人の四代・休兵衛さんがデザインを決めて、腕のいい棟梁・大工たちが完成させたものだ。つまりこれは、「建築家なしの建築」「アノニマス・デザイン」というやつだ。

それに確認申請をお役所に出す時だって、設計者の名前がのらないことがよくあるというのが、現世の慣習なのだ。そしてそれなりの理由があるわけだ。それが倫理の点で問題があるとは、簡単には言いきれない。

高山に戻ってきた吉島さんにとっての最大の問題は、そういう事ではない。何よりも約束の時間を守らないということだ。本人に言わせれば守れないということらしい。というより、彼は時間を超越している。とすると彼は芸術家と言ってよいだろう。

彼はまじめで、仕事にはこの上ないと言ってよいほど誠実なのだ。彼は仕事を始めるとのめりこみ、嵐のようにスケッチを書きまくり、書いては捨て、書いては捨て、紙屑の山をつくり、疲れ果ててぶっ倒れ、Pタイルの上の新聞紙の上であろうと、ドラフターと机のすき間であろうと、大の字になって寝始めたり、半身を起すと「胃が傷くなった」とか、「ここは暑くて脳みそが溶けて耳から出てきそうだ」などというのが、口ぐせなのだ。彼の気持は、分ってやらねばなるまい。

しかし仕事を頼んだ人からみれば、どうしようもない奴だということになる。「時はカネなり」とか、「仕事の段取りがつかない」という事もある。新幹線のようにドアを閉めたら、「時間を守らない奴は、おいてけぼりでさようなら」ですませないのが普通だ。「時間は命なんだぜ、人間と機械とは違うことぐらい分ってくれよ」「吉島さん、天動説は、時に捨ててくれよ」と言ったこともあるけれど、僕も諦めているくらいだ。

高山で万にひとつ、彼に設計を頼む人があったとしよう。

「すぐしましょう」

と彼は返事するだろう。

早い人なら翌日にも第一案のスケッチを持ってくるだろう。三ケ月ならどうだろう。などと思ってはいけない。それどころか二年経っても怪しいものだ。その点でひどい目にあってきた者としては予想がつく。ブラジリア大学の先生と似ている。時間を守ろうなどと考えていない。でもここは日本だ。

「そりゃあ、僕は守りません。僕は気にいるまで図面を渡しません。卒業設計だって期限後提出でしょう。僕は百二十パーセント打ちこまなければ気がすまんのです」

時間を守らないのは、生まれつきだと言う人もあれば、期限後提出で卒業できたから、それから始まったという人もある。これでは仕事が来るわけでもなし、来ても実現するとも思えない。お施主さんは腹を立てて普通というものだろう。

ところがこの世には例外というのか神の特別の思し召《おぼめ》しというのがあるのだ。彼に住宅設計を頼みに来た人が、高山にはいたのだ。

それが、経済界の若き実力者・向井（鉄也）さんだったのだ。私は、笑顔満面の吉島さんに

「それはよかったね」

と答えながらも「向井さんは火傷《やけど》しそうだな、吉島の焼《や》け火箸《ひばし》に」と感じたものだ。

考えてみると向井さんは、立派な文化人でもある。誕生日が六月六日。「ロクロク」なのだ。ロクロクは、「万丈《ばんじょう》の谷も山も越える馬のいななき」で、縁起がいいのだ。

そして六月六日は、イギリスはグラスゴーの建築家・C・R・マッキントッシュ（一八六八―一九二八）の誕生日でもあるのだ。マッキントッシュは有名だから、知っている人は多いだろう。しかし誕生日となると、知らない人が大部分だろう。私も知らなかった。

しかし向井さんは知っていたのだ。古代ギリシアの芸術愛好者でもありパトロンでもある富豪、いまはフランス語読みしているメセナのような方なのである。

実際のところ向井さんは夢をもっておられ、マッキントッシュの作品のコレクションを主題とする美術館を設立されたのだ。高山の盆地とそれを囲む山並を見渡せる丘の上に。

平成九年（一九九七）四月二十七日開館の「飛驒高山美術館」がそれである。もちろん向井さんは理事長であり館長であり、何よりも自力で設立された当事者なのである。

この美術館がいかに充実し見事なのかは、訪れてみれば一目瞭然《いちもくりょうぜん》ではあるが、何より

もグラスゴーの大学から「名誉博士」の称号を贈られたことでも分るだろう。

吉島さんも幸せなのだ。昭和五十三年（一九七八）向井邸の設計が始まることになる。「花岡町の家」というのがそれである。時に彼は三十九歳である。

ほんのしばらくして、吉島さんが言う。

「先生　僕はもうこの仕事をやめます。やめれば手ぶらになって淋しいけれど、自分の首を絞めずにすむし、向井さんに迷惑をかけずにすみます」

彼は火箸を振りまわし、起るべき事が起きたのかなという思いが浮ぶ。しかしだ。

「行きましょう。ああ、先生は飲めませんでしたね。でも僕は飲めます。昼間からやめたほうがいい。そうですね。

イフならいいでしょう。あのタレントの清水さんのイフですよ。ええ、知らないんですか。どうしようもありませんね。

先生、前に申しあげたでしょう。イセ（伊勢神宮）は過去のものだ。そうであるのにいつでも新しい。二十年毎に建てかえられるから。だからといって近代でもない。千数百年まえの造型が生きている。これはフェニックス（不死鳥）というものでしょう。

僕はこのイセに立ち向える現代の住宅を考えているのです。先生、何がご意見おもちですか。僕の話していること、おかしいですかね」

彼は　ソウとウツが交互に訪れてくるという。季節的でもあるし、朝と宵《よい》で変ることもある。彼が「やめます」と宣言する時は、ウツをソウに変えたい時、つまりデザインの行き詰まりを打開したい時で、私はその道具としてときどき使われているという事だ。

とにかく住宅を着工に持ちこめる事になる。彼は背中をこごめて、現場を走り廻ってい る。これは設計に限度がないように、監理にも限度がないという姿である。

一階に「腰掛床《こしかけとこ》」とも言ったような凹みがある。作りつけの腰掛のようにもみえるし、桃山時代の「押板床《おしいたどこ》」のようにもみえる。この床板《とこいた》をやりかえている。張《は》り物《もの》の床板でも、立派にみえる。立派にみえるけれど長いあいだにはニセモノだという事がわかる。

だから厚さ九センチ、奥行（幅）三十センチの、一枚の「ムク板」にする。材料はヤニマツ（赤松）である。「向井さんもこだわる」なら、職人さんも吉島さんも、こだわったのである。これは、向井さんもこだわって、一言あったのだから、費用のことは「向井さんだよ」と言うことはできる。

でも吉島さんは、こう職人さんに言う。

「心配せんで、ええ。カネは、僕が払うから」

と、材料をとりかえさせる。

「貧乏したけりゃ腕磨け」

これは、飛騨の匠《たくみ》の末裔《まつえい》の伝承《でんしょう》である。吉島さんの場合は、「大工」を「建築家」に置きかえればいい。彼は、設計をしたから、よけいに借金を背負《せお》ってしまうのである。いつものことで、別に向井さんの家だからということではない。

「設計料、もらってないの？」

「もらっとらんです」

「一銭も？」

「一銭もということは、ありません」

「契約書に、設計監理料いくらと、書いてなかった?」

「前に申しあげたでしょう。契約書を取り交わすことなどしません。そんなこと、高山ではしません。設計料など決まっていたら、建物などできません。

僕のはね、どれくらい時間がかかるのか、わかりません。納得いくまでしたいですから。カネがなくなり、カネを借り、それもなくなり、どうしようもなくなり、それから涙をのんで、図面でも渡しているのですから」

「涙は、ほんとうに出る?」

「出んもんですね」

「そうだろう。ひとり手枕で夜寝る女の涙だけが本物で、あとは嘘涙だからね」


実をいうと向井さんは、彼の最初の住宅「桜上水の家」の施主の鈴木さんに、吉島さんを紹介した人なのである。

鈴木さんは、桜上水の家を建てる前から、高山の郊外に別荘を持っている。そして鈴木さんは、本町の喫茶店「ポポロ」の常連客で、向井さんとは知り合いだったわけである。

しかもこの二間に四間ほどのポポロの建物と土地とは、例の同級生・国税庁の吉川さんの家のものであったのである。吉川さんのお母《かあ》さんは、奥の住宅に住んでいる。言ってみれば、向井さん、鈴木さん、吉川さん、それに吉島さんは、同じサークルの中の人だったということになるだろう。


「花岡町の家」は『新建築』(一九八二)に始まり『ジャパン・アーキテクト』(一九八

二)、『住宅建築』(一九八三)、『ソフィア』(一九八四)、『モダン・リビング』(一九八四―八五)に至っては、五回にわたり、掲載された。これは、中央である東京での反応ということになる(一八四～一八七頁写真)。

それでは、高山での反応はどうなのか。

「ニセ医者が、何かを造りよった」

ということなのである。高山では建物は無視された。ほとんど完全にと言っていいだろう。彼は「ニセ医者」なのである。つまり一級建築士の資格を持っていないということだろう。しかも結婚もしてないのが問題になる。高山では「妻帯《さいたい》」してない成人には、市民権を与えようとしない。もちろん当時ではの話である。

東京では、一級建築士の資格を持っていようが、持っていまいが関係はない。「何を造っているか」、「何を造れるか」だけが問われる。競争社会なのである。私事など問わない。建築が、「いい」か「わるい」かだけである。一級建築士という資格というのは、大学卒業してまもない新人には、必要な肩書きかもしれない。しかし大家《たいか》は問題にしない。確認申請の時だって、大家はもちろん、そうでない人でも、自分の名前で申請しない人は、けっこういるし、一級建築士の名義を貸す人だっている。要するに一級建築士は、あってもいいし、なくてもいいものなのである。

しかも国際的に活動する人にとって、一級建築士など、なんの条件にもならない。つまり通用しない。

向井さんの「花岡町の家」は今では完成してほぼ二十年経つ。「向井邸」は、依然として輝いている。

「吉島さん、今から三十年後に、文化庁の建造物課長さんが来たら。こう呟《つぶや》くぜ。『これは国の文化財だ。重文の指定候補にあげなければなるまい。調査官に、検討するよう言っておこう』とね」

「先生は、おだてるの、上手《じょうず》だからな。

でも課長さんより、高山の人が言いだしっぺだったら、もっと嬉しいですね」

「そうだよね。その時には、きっと市の土木課の人も加わっていると思うな。

そして重文指定説明書の『注』に、こう書かれると思う。

設計者は『一級建築士』ではなかった。

しかし『建築家』だった、とね」。


そして脚本家の鈴木さんは、こう語った。

「死ぬ時には、お互いに感謝するだろう」。

死ぬ時とは、向井さんと吉島さんのことである。どちらが先かはわからない。先に逝《ゆ》く人は、「ありがとう」と言えるか、どうかは、わからない。あとに残った人は、たしかに「ありがとう」と言うだろう。

でも吉島さんも忘れてはなるまい。鈴木さんにしろ向井さんにしろ、いいお施主さんだから、よく出来たということを。

建築というのは、お施主さん次第で、よしあしの決まるところがあるのだ。

台風《たいふう》は一号

鈴木さんの家は　東京の桜上水
向井さんの家は　高山の花岡町

二つとも住宅であるが、東京と高山という違いは距離や都市の規模ではなくして、社会的にはあまりにも大きい落差《らくさ》である。

東京なら、鈴木さんの家を見て、私のために設計してほしいという人は、いくらでも出てくる。事実、鈴木さんの近所の婦人は、それを望んでいた。ここでは竣工した住宅の質だけが問題である。その意味で住宅設計のマーケットは自由に開かれている。

しかし高山は違う。いや彼の周辺は例外で、建築界では、依然として一級建築士の資格は、地域という「水戸黄門《みとこうもん》の印籠《いんろう》」なのである。この資格がないと、業界の仲間に入れず、しかも妻帯《さいたい》していない男は、市民としては「外《はず》れ者」である。だから彼は、信頼されず、お呼びがかかる見込みはない。

「東京では、貧乏していても、みんなよくしてくれた。大きく生きていることができたのに、高山へ帰ってからは小さく肩身狭くしていなければなりません」

ところが唯一の例外が、向井さんだったのである。向井さんとは喧嘩が絶えなかったけれど、彼を一人前に取り扱ってくれるただ一人の人だった。彼は、喧嘩し雑言《ぞうげん》を吐《は》きながら感謝している。だから仲直りもできる。

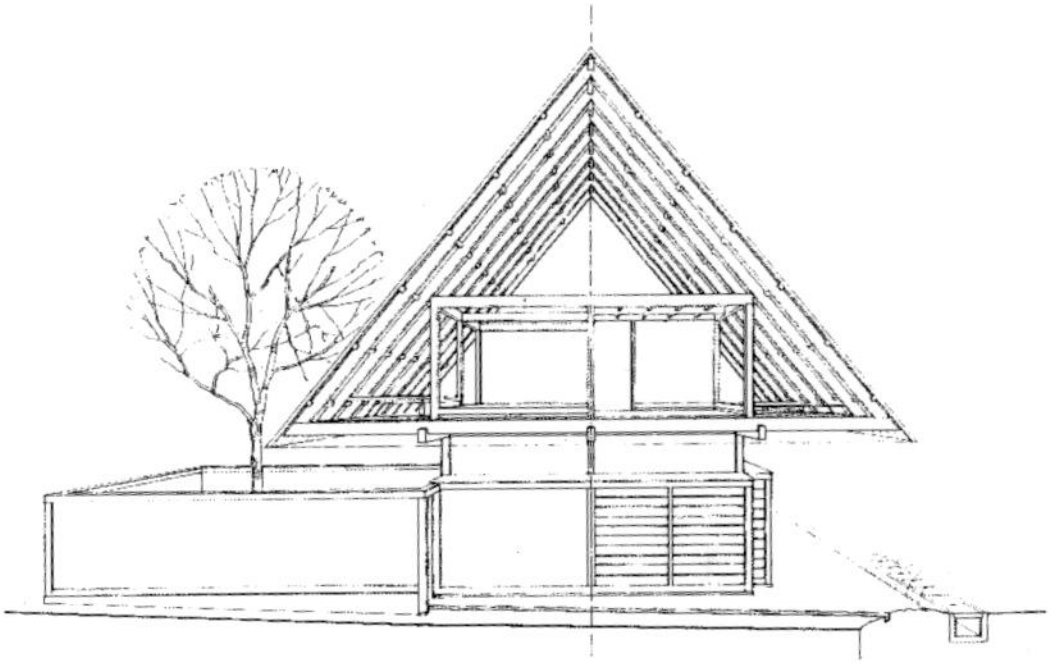
奥村邸立断面図（1982）

要するに彼は、向井さんの住宅を建てていく過程のなかで「信頼できるお施主さんがいないと、設計は、手でふれることのできるモノ、つまり住宅として存在することはない」という事を思い知らされたことになる。そしてメディアにとっては「建築士」の肩書《かたがき》があっても、駄目なものは駄目。無視する。そして花岡町の家は、四年間にわたり中央のメディアがとりあげ、飛騨の世界に押しよせてくる。そうなると「鱗《うろこ》に目《め》」の人も出てくる。そしてこのあと、高山を中心にして周辺の下呂《げろ》、古川《ふるかわ》、国府《こくふ》、清見《きよみ》などに、次第に彼のパトロンがふえてくる。

奥村さんの家　（一九八二）
かふぇ・ど・おんせん　（一九八五）
角竹《すみたけ》さんの家　（一九八六）
かふぇ・ど・おんせん増築　（一九八七）
喫茶店・ラズリー　（一九八八）
向井さんの二軒目の家　（一九九〇）
紀文《きぶん》ビル基本計画　（一九九二）
菅原文太さん増築部分基本計画　（一九九四）
H美術館基本構想　（一九九五）
喫茶店・田園　（一九九六）
筑紫《つくし》野南《のみなみ》・モデルハウス　（一九九七）

三十一年間に十六件ということになる。何しろ数は少ないし、一件毎の工費は少ない。彼の言葉に従えば「業《ぎょう》」になっていない。

鈴木さんと向井さんの住宅で学んだ、もひとつの事は、職人さんがいたからモノになったというごく当り前のことである。こういう事は、大学教育で学ぶことはない。少なくとも日本の建築教育では、実務経験をすることは義務づけられていない。

向井さんの家についていえば堀口工務店に請け負ってもらったのだけれど、直接には次のような職人さんが、かかわりあっていた。

木工事　棟梁の砂田（誠一）さん

　大工は、岡田さん、清水《しみず》さん、橋爪《はしづめ》さん、中谷《なかたに》さん

屋根工事　松下さん

建具工事　松田さん

上下水道工事　大楢《おおなら》さん

電気工事　田畑さん、生津《なまず》さん

壁工事　寺島さん

造　園　北村さん

それぞれの個人は、会社に属しているけれど、彼が接するのは、会社という組織ではなくして、組織のなかのこういう人たちである。

彼は、決して彼等に、「やれ」とは言わない。やれと言って、職人さんが、彼のデザインの意図するように動けるわけではない。そこでこう言う。

「こうしたいのですけれど、どうしたらできますか。お願いします」

彼は、職人さんから聞きながら、教わり、工事をその目で確かめながら勉強し、自分の設計意図に添う形になるよう努める。飛騨では、材木の使い方に、経済的で合理的な伝統

的手法があったのだけれど、そうしなかった。というより、そうできなかったという事であろう。結果として無駄になった材ができたのは、否定できない。

向井さんの家は、設計から竣工まで三年間を要した。その中で彼が学んだのは何か。モノを造るのは、ひとりでは出来ないということである。みんなで造っているのである。

パリーにエッフェル塔がある。設計したのはA・G・エッフェル（一八三二〜一九二三）である。彼は、ひとつの記録を残した。塔の建設に携わったすべての人の名を書きとどめたのである。その数は二万余。その中には、土くれを運んだだけの少年まで含まれている。

もひとつ変った事がある。向井さんは最大の施主となり、六つの仕事をもらい「さん」は「さま」に変り、今は「殿さま、館長」の関係になってしまっているのです。「僕は自分の好きなようにしないわがままですから、昔なら下僕で打ち首ですね」

高山では結婚しない男は、信用されない。そういう事がなくても、結婚して跡継《あとつぎ》がいないと、吉島家には第八代休兵衛がいなくなってしまうだろうと、まわりの人は心配する。

「今まで浮気《うわき》くらいあったろう」

「浮気というのは当りません。僕は、博愛の精神に富んでいるだけです。女性をみると、老若《ろうにゃく》にかかわらず、愛を与えたくなるのです。そして心の会話を試みる。あの絞り染めのおばあさんにだって、惜しみなく愛と楽しみを与えました。ただそれだけです。でも愛には、犠牲が必要ですね。たとえばつねられること」

どこまで本当かわからない。

結婚しない理由だって、私の知っているかぎり三転している。

「僕はね、おやじやおふくろの虚飾《きょしょく》の生活をいまわしく思っているのです。カネもないのに、見栄《みえ》を張る。吉島家の義務とか言ってね。こういう生活は、もうこりごりです」

もひとつは、こういうのだ。

「探《さが》してくださいよ。相手をね」

「探してもいいかい。但し条件つきだ。かならず結婚するとね。社会的にがんじがらめにするために、式をあげ披露《ひろう》をする」

「僕の意見は、どうなるのですか」

「きかない。頼むという事は、まかせるという事だからね」

「それでは駄目です。妻とは名ばかりで、大蔵大臣《おおくらだいじん》にするつもりでしょう。借金したりしてカネにだらしないから、取り締まるために。先が見えています。駄目です」

最後のひとつは、こういうのだ。

「結婚したら、殺されます」

「誰にさ」

「別の彼女にですよ」

「へえ」

「二人で殺しに来ます」

「二人って、何さ」

「三人かけもちでしょ。僕は。三人には、平等に公平に愛をわかち与えていましたから」

本当みたいな事を言う。

「向井さんの二番目の住宅、どこかに発表するとこありませんかね。

向井さんも、グラスゴー大学から名誉博士、もらったでしょう。というわけでもないですけれど、最近は、すっかり温厚な紳士になってしまいましてね。最後の住宅を造りたいと、言っておられるんです（一九二～一九五頁写真）。

二番目の家に入れた家具が、あるでしょう。

カッシーナの　ソファ

コルの　ロッキングチェア

マリオ・ボッタの　椅子

ハーマン・ミラーの　椅子

みんな使いにくいのです。一年中、コタツは実にいいと言っておられる。「あれは、みんな美術館に寄付して、大テーブルにする。小さい机とかソファは必要ない陽子さんね、あの子はマックを操《あやつ》っとるんです。残るのは「オレのデザイン」のものだけと、笑っていました。テーブルと棚のデザインしましたからね。棟は向井さんが、南棟は奥さんが使っていて、その間を実測したら三十五メートルもあったそうです。そこで三番目の住宅と墓石のデザインをしてくれと、言われたこともある」

「また喧嘩を始めるわけね」

「好きでやっとるんじゃないんです」

「そうだろうけれどさ。

むかしむかし、仏壇の設計したいと言ってたろう。向井さん、仏壇のほうは、何も言ってなかった」

「それはまだ聞いていません」

「図面は、できてるの？」

「頭の中ではできとるんですけれど、スポンサーがつかんことにはね。でなければ、模型屋の石黒さんみたいな凝《こ》り性《しょう》の仏壇師《ぶつだんし》でもいるとね。

先生、最近、来ておられんでしょう。高山へは。来てください。細江さんも会いたいと、言っとられるというではないですか」

「行きたいね。太陽が、かーっと照ってさ。マンジュシャゲの赤い花が燃えて。でも北《きた》方《がた》の正宗寺《しょうそうじ》の書院へ行くと、山の林から涼しい風が下《お》りてきて、『五観《ごかん》の偈《げ》』を唱《とな》えてさ。それから陣屋《じんや》へ行って、教えてもらおうと思ってね。中学三年生の吉島さんが、写生のために腰をおろしたのはどこなのと。銀行や月波楼《げっぱろう》は残っていないね。城山《しろやま》と屋台《やたい》は残っているけれど。中学三年生は、いずれは消えていくものを、写生していたんだね。

そしてその頃には、桃紅先生のギャラリーと名古屋の美容院は、出来上っているというわけね」

「いっしょうけんめいに、やります」

「いつも、いっしょうけんめいだね」

「そうです」

「当っている。いっしょうけんめいでなかった事なんて、ないものね。今までの事は、これからもという事だから、そういうわけ」

五月十日、台風一号が小笠原諸島を襲っているとかで、東京の空は曇っている。今夜は雨があるかなという感じである。

その時、彼から電話がある。電話はきまって、午後十時から十一時の間である。

「どうも遅れてすみません。資料つくりに手間どっていたのです」

「病気でないかと、心配してただけだ。先に、尋ねていいかしら」

「ええ、どうぞ」

「丹下さんに注意されたと言ってたね。タバコの火には気をつけるようにと。でも吉島さん、タバコのんでた？ 僕は君がのんでいるところなど、一度も見たことないよ」

「のんでるんです。ただ先生の前だけではのんでなかっただけです。外へ出ると、急《いそ》いでのんでいました。

おふくろだって、かくれてのんでいました。おやじはタバコ嫌いで。二帖の喫煙室が囲ってありました。おふくろの為に。十八歳というから、今の十七歳でしょう。もうのんでいたのです。これは、大正の不良少女でしょ。不良令女《れいじょ》かな。これは。

始めのうちは、「桔梗《ききょう》」という刻《きざ》みタバコを長いキセルで、ついで「敷島《しきしま》」という巻きタバコに変り、戦後はマイルド・セブンが出てから、こればかり。

平成四年（一九九二）おふくろ入院したでしょう。四月二十日の午前一時見舞いに行きました。寒そうでしたから、電気毛布の目盛《めもり》を四か五に上げてやり、三時ごろタバコ一本だけ火をつけ、吸わせてやりました。病室での喫煙は危険でもあるから、禁止されているのは知ってましたけれど。おふくろも、吸いたかろうと思って。

「四時まで眠る」というので、それから帰ってきて。六時ころ電話かかってきて、病院に駈けつけました。静脈瘤《じょうみゃくりゅう》の破裂《はれつ》です。看《み》とりました。

おやじは、五ヶ月後の九月十五日に、看とりました。両親とも、看とったという自覚《じかく》をもっています。でも悲しくなかったし、涙も出ませんでした。ほっとしたなどと言ってはいけませんですけれど」

「お母さんが、タバコ好きとは知らなかったね。そうだったの」

「今日は、お知らせしなければなりません。裏千家・東海ブロックの茶会があって僕の家と日下部さんの家とが、閉会式場になるのです」

「そうなの。吉島家の文化的義務は、生きているわけだ」

「畳の表替《おもてが》えしなければなりませんし、襖《ふすま》・障子《しょうじ》の張りかえをしなければなりません。庭にも土を入れて剪定《せんてい》などしなければなりません。下足履きの洋式便所を作ろうと思いましたが、これは間にあいませんでした。

そこでカネを借りました。十六銀行から。

「担保《たんぽ》なしムショホウ」ですから、大丈夫です」。

ムショホウとは、保証人なしということだろう。

私は、愕然《がくぜん》とした。今までだって彼の借金に、担保つき、保証人つきはあったのか。一度だってありはしない。六代目休兵衛さんがしたことを、七代目休兵衛の忠男さんがしている。そして六代目と同じように、借金して文化的貢献をしているわけだ。ここでは彼は、たしかに芸術パトロンだ。ただ古代ギリシャの芸術パトロン・マイケーナス（メセナ）との最大の違いは、借金してカネを工面していることだ。

「先生、ご安心ください。僕はもうまじめになりました。仕事をしていませんから。ひどい目にあわずにすんでいます」。

玉手箱

「この家に住んでいるのは、吉島さんだ」などと言うと、普通なら、
「あ、そう」
という程度のことかもしれない。しかしその家、つまり住宅とか建築とかが、人の寿命より長く生きつづけるという事は、そうざらにあるわけではない。戦後に建てられた住宅や建築で、取りこわされる数のなんと多いことか。そして今後も長く存在しつづけてほしいと、社会の人から求められるものとなると、そうざらにあるわけではない。でも吉島さんは、百年ほど前のそういう家に住んでいるのだ。

でも当の吉島さんにとっては、そういう家に住みつづけていることは、誇りではあるが大変なことなのである。そしてそのひとつが、地域社会のしがらみなのである。吉島さんは、女郎蜘蛛《じょろうぐも》の網《あみ》にひっかかり、糸でぐるぐるまきになった蟬のように、羽をばたつかせているといったようなところがある。

といって地域のしがらみの中にいるのは、別に吉島さんだけではない。高山の古い町に住む人は、なべてそうなのである。吉島さんに言わせると、その糸の数は十六にもわたるという。

私たちは、建築学という専門にかまけて、「吉島家住宅」と気安く言いがちである。でもこれは、順序がまちがっている。何よりもまず人があって、その人たちによる地域社会

があって、その揚句の果てに、住宅、ひろく言えば建築がのっかっているわけだ。

とすると人は、「吉島家住宅」は国指定の重要文化財かなどと、がつがつ言う前に、まず人にたいして仁義を切るべきだろう。

例えば吉島さんの家なら、まず当主・七代目休兵衛・忠男さんが、その相手だ。ところがこの住宅は、四代目休兵衛・斐之《あやゆき》さんが建てたものだ。五代目千船《ちふね》さんと六代目の重《じゅう》平《へい》さんは、管理し守りつづけてきた人たちだ。これらの人は、すでに亡くなられてしまっている。仁義を切るという挨拶しようにも、もうこの世にはおられない。どうしたらいいのか。仏壇の前で合掌するのがいいと、私は考える。手っとり早くは、入館料を支払って仏前の合掌は省略する。そういう手もある。

さて、その吉島さんのしがらみのひとつが、高山祭にかかわるものである。高山には、春祭と秋祭とがある。吉島さんの住む大新《おおじん》町は、秋祭の方に属し、これは桜山《さくらやま》八幡神社の祭礼である。平成十二年（二〇〇〇）度の秋祭は、十月七日（土曜日）の宵宮《よいみや》に始まって、翌八日（日曜日）が本祭である。

実をいうと吉島さんは、この秋祭の「杖取《つえとり》」なのである。つまり屋台組の当番主任のことで、別に吉島家の世襲というわけではない。「家押《やお》し」といって、家単位で順番が廻ってくる当番役《とうばんやく》で、平成十二年度は吉島家にあたり、主人の吉島さんがつとめる事になったということである。これと並んで、別に屋台《やたい》主任がいる事を、つけ足しておこう。

それにしてもなぜ「杖取」というのか。用語そのものは、既に平安時代の宮廷社会にあって、お公卿《くげ》さんがつとめていたのだけれど、高山の場合の理由は、かんたんである。杖を片手にして役《やく》をつとめるからである。

この杖については、長さ、形式や材料について、別にきまりがあるわけではない。といって市販の老人用の杖やイギリス紳士用のステッキでは、高山祭にふさわしくないだろう。といって吉島さんの今の家に、その杖が伝えられているわけではないらしい。見あたらない。十月四日の夕方、美術館長の向井さんが、一席、設けてくださった。客は、荒川さん、吉島さん、それに私であった。吉島さんが悩みを打ちあけると、社長の荒川さんが、私が持っている杖を貸してやろうという事になった。

この杖は、マユミという木で作ったもの。そのひねくれたようで凸凹した杖の形を知りたいと思うなら、清涼殿《せいりょうでん》の「荒海《あらうみ》の障子《しょうじ》」を思い出していただくとよい。障子といっても衝立《ついたて》なのだが、ここには「手長《てなが》・足長《あしなが》」という痩《や》せた怪物が描かれている。この二人の怪物を縦《たて》につないで、上から力を加えて押しつぶし、身体《からだ》からぶつぶつ絞り出させたような恰好にしたもの。そう思えばよい。

そしてマユミは「真弓」で、古墳時代の大王《だいおう》が弓として使っていた材である。だからマユミの枝は、適当に「しなって」なかなかに調子がよい。

そして吉島家住宅正面の箱庇の幕掛《まくかけ》には、一間四方の黒二本引き紋様の簾《すだれ》・四連《れん》が掛けられ、高張提灯《たかはりちょうちん》が立てられ、町内では三輪家のミセにつくる「当番飾《とうばんかざ》り」。今どきの住宅では、こういう装おいはできない。伝統的な形式の町屋だから出来るのである。

そしてこの吉島家住宅の表入口《おもていりくち》の戸は、左右引き違いで、腰《こし》つき、小間返《こまかえ》しの千本《せんぼん》格子で、腰板の中段にはそれぞれ九個の鉄丸鋲を打つ。

ここに「二引両《ふたつひきりょう》」の暖簾《のれん》が掛けてある。この二引両なる紋は、江戸時代の幕府が献金の「御褒美《ごほうび》」として与えたものである。もっとも与えたといっても名称だけで、ひとつの意匠として仕上げたのは、吉島家当主と染物屋さんなのである。幕府がなした献金という安上りの財政補填策は、ここでひとつの文化となり、形として姿をあらわす。

この暖簾を左右にかきわけ、吉島さんが登場することになる。そしてこの時の吉島さんの「出立姿《いでたちすがた》」というのは、こういうものだ。

紋つきの羽織《はおり》・袴に、白足袋《しらたび》に草履《ぞうり》。下着の衿《えり》は色物《いろもの》。色物というのは曲物《くせもの》だ。そして腰には白扇《はくせん》、頭《こうべ》には黒漆塗《くろうるしぬ》りの菅《すげ》一文字笠。この姿は、かなりのものといえる。

ここにあるのは、舞台の書割《かきわり》でもなければ、演じている者は俳優でもない。すべては正《しょう》真正銘《しんしょうめい》の本物なのである。つまりここでは、建物と人とは文化的存在ということになろう。そして吉島さんは、伝統文化の保持者なのである。大新町の屋台は「豊明台《ほうめいたい》」という名のもので、この修理が完了していることもあって、観光客はカメラをいっせいにむけている。そうであるのに吉島さんは、秋祭の点景のひとつにすぎない。そして祭りの二日間がすぎると、跡片付けをしている「ただの人」である。

この世は公平に出来ているとは思わないけれど、吉島さんも苦情など言うことはないだろう。なぜなら、

「白川さん？　ショウチュウさんでないでしょう。あ、たしか、それは軍医さんのお子さんね。松倉中学を卒業し。家屋はもうありません。今は駐車場になっていると聞いていましたが。細江さんの家から、すぐの所です」

ノーベル賞の白川さんだって、高山はもちろん日本政府にとっても、「ただの人」だったのだから。でも白川さんは賞をもらったのだから、推薦した人もいるはずだ。七代目体

兵衛・忠男だって同じだ。この「ただの人」をそうではないと言っている人がいるのも事実である。その一人が、こう呟《つぶや》いていた。

「設計しているだけが、建築家ではない。地域のしがらみの中に生き、できるだけ地域の文化と生活に役立とうと心がけ、借金ばかり背負っているけれど、いつもしゃきっとしている人の事だ」。高山ではそうなのだ。

観光客にとっての秋祭は、十月の九日と十日の二日だけだけれど、吉島さんはそうはいかない。九月十八日から十月十四日までの二十七日間も拘束されるのである。吉島さんは、その間の仕事を、A3大の紙に書き出している。祈禱《きとう》木・初穂《はつほ》料集めに始まって、アソシア・ホテルでの慰労会で終るまで、二十三種の仕事がひしめいている。

そして他方では、桃紅先生から催促されている俗称「井戸端《いどばた》ギャラリー」なる「赤の空間」を完成させ、東京の桃紅先生のお宅に参上し、帰ってきて披露宴《ひろうえん》を催さなければならない。つまり吉島さんは、早急に東京へ出てこなければならない。そこで当番役としてつとめなければならない仕事のうち、三つを予定より早目にすませ、三日間を捻《ひね》り出した。

九月二十八日。幣串《へいくし》を桜山八幡神社の社務所に届け、御幣《ごへい》の切り替えをすませる。屋台《やたい》蔵《くら》の当番飾り用の酒二本を渡してくる。摂社《せっしゃ》の「秋葉様《あきばさま》」の祭礼に供える「二升取り鏡餅」一重《ひとかさ》ねを、松本餅店に注文する。こうして吉島さんは、高山を離れることができる事になる。

翌九月二十九日。金曜日である。朝、高山を出て南下し、名古屋の美容院の現場に立ち寄る。これは、ついでの仕事である。それから東名高速道路を東へ走り続ける。静岡県の三島あたりで、桃紅先生に携帯電話を入れる。約束の午後四時ころに、到底間に合わない事がはっきりしたからである。いや、高山を出るころから間に合いそうにない事は、分っていた。吉島さんは、何もかもうまく行っての午後四時だったからである。

でも桃紅先生はがまんしてくださり、場所を変えての事だったけれど、ギャラリーでの展示品の件は、辛うじて用が足りる。展示品とはリトグラフの事だけれど、それを世界堂に持っていって、表装を頼む。ところがカネが足りない。いや、そういうカネについては考えていなかったので、ないと言う方が正確である。ではどうしたのだ。

でもそこは吉島さんである。心配する事はない。なんとかなるのだ。不思議だけれど、昔からそうなるようになっている。

そしてやっと夕食というわけだ。京王プラザ・ホテルの地下へ行く。そこには、吉島さんの家の吹抜け部分にある「吊り鴨居」を、空中の化粧にしたレストランがある。建築関係のたいていの人は、「あ、これは吉島さんの家と似すぎているな」と横目で見たりする。そのせいでそこへ入ったわけではない。

吉島さんは、ここで十分に厚いスキヤキを注文した。今どきスキヤキ珍重《ちんちょう》の時代でもなかろうと感じているらしい私の顔つきを見てとったか、いささか弁解がましく、ポケットからハンケチを出しながら話をする。

「蛋白質を補《おぎな》わないと、人間の脳は劣化《れっか》するという話ですからね。僕は、高山ではいいもんを食っとらんのです」

「食っとらん」とは、吉島さんにして珍しく乱暴な表現である。いつも「いただく」と言っていたものだ。想像を加えるならば、こういう事になるだろう。

今日は予定が狂い、大恩人の桃紅先生に迷惑をかけた。その自分が嫌になってしまった。吉島さんは「すみません」という言葉なら知っているし、土下座《どげざ》だって出来るんだ。そこまで来ているなら、僭越とは思うけれどアドバイスをしたいと思う。『現代建築愚作論』の八田利也《やだとしや》風に。いやこの場合は、著者の名は「八田利也《はったりや》」と読んでもらった方がふさわしいだろう。

「居直った方がいい。僕が時間を守らない事は、今ごろお分りになったのですか。桃紅先生は何ごともお見通しですから、お信じになっていなかったでしょう」。「忠男君はさすがは芸術家だ。ギャラリーの仕事も遅れる。今日も遅れる。少し大家《たいか》の相《そう》が増してきましたね」。とおっしゃって下さるかもしれない。

でも吉島さんが、もっとも吉島さんらしくなるのは、スキヤキを食べて後の事である。現金も硬貨だけになり、クレジット・カードもすっからかんになったとき、禅宗の坊さんのように「泥水《どろみず》」を食べたりはしない。飢えることはあっても、「泥水」を食べる姿は、美学に反する。どうするか。「妄念《もうねん》」に狂い始めるのだ。猛然と。そう決心すると、勇気どころか体力が盛りあがってくる。

吉島さんは、話を続ける。話したいことがいっぱいあるのだ。

「今年の夏は、暑い日が続きましたね。ただ夜だけは、東京よりましだと思いますけれどね。山から冷気が下りてきますからね。このぶんでは、天下大騒動《てんかだいそうどう》が起きますよ。政治家は、『滞貨一掃《たいかいっそう》』型で大臣のすげかえやっているでしょう。そういう風景を、劇場でドラマを見ているつもり。考えないで評判と流行で動く。そういう人が多いでしょう。僕の家にはエアコンないでしょ。脳みそが溶けて耳から出てきそう。」

会話には礼儀作法《さほう》というものがある。吉島さんのひとり話だけですますのは、失礼というもの。何か受け答えしなければならないと考える。

「エアコン？　設備など、ない方がいい。暑い季節には、汗を流しながら耐える。寒い季節には、震《ふる》えながら、耐える。

吉島さんの家は「忍耐」という精神を鍛《きた》え、そこから生まれてくる「美徳」を身につけるために造ってある。そしてこれは、人間にとって自然なことだ。「自然でいい」という事は、現代建築学が教えるところの「快適さ」とは関係はない。吉島家の人たちは、みんなそうしていたんだぜ。吉島さん、知ってるよな。ずっとそういう生活をしてきたのだもの」。

そういう話は、まあいい。吉島さんが上京して来てからの私の問題は、いかにして高山へ行くかという事である。いかにしてとは、交通の手段であり、行き方のことである。私は、この一ヶ月余その事で悩んできた。

東京に来た吉島さんの帰り車に乗り、後部座席に寝かせてもらい、高山へ行く。新幹線で名古屋まわりの高山線で行くよりも、この方が私の身体にとってらくなようにみえる。私は、身障者《しんしょうしゃ》が売り者だから、そう考える。

だから三日まえに、吉島さんと電話で打ちあわせをした。この時の吉島さんの返事は、こういうものである。

「僕の車は、ロールスロイスやベンツでもありませんからね」

「知っている」

「ゴルフのボロ車ですから」

「車は、それでいいけれど、お世話になるのは、やめにする。高山行きの直行バスに乗る。新宿西口駅前のバスセンターで。午後二時四十分発なら、空《す》いているだろう。この季節のこの時間帯なら。

バスセンターに電話した。「空いていますか」と尋ねたら「分りません」という返事だ。考えてみれば当り前のことだ。問題は覚悟だけ。予想が当らなかったら、百年目ということで諦める事にする。

吉島さん、ありがとう。吉島さんは、吉島さんで帰ってくれ」

念のため、ここでバスセンターとは正確には「新宿高速バスターミナル」のことである。

十月一日。日曜日である。私は、新宿西口のバスセンターの中をうろうろする。せざるをえない。私は「孤独な群集」の中の独り者というわけだ。「高山行き」バスの掲示がない。あわてて西側のドアーから外へ出てみる。長くつき出た庇下に「のりば」という札《ふだ》が、三枚垂れ下がっている。でも高山行きと書いてあるものはない。十二の会社のバスが出ているというのに、数字で「1、2、3」とあるだけだ。それがまた小さい字ときている。

「高山行きバスの乗り場は、どこですか」

「まだ、決まっていません」

なんという返事なのだ。案内人らしい中年の制服の人が、そう言っているのだ。

「まさか、小田急ハルク前とかと、おっしゃるのではないでしょうね。そういう事は、突然におっしゃっても、駆け出して行くことはできません。遠いですからね」

「ご心配は無用です。発車十分《じっぷん》まえには、放送でお知らせしますから」

ここには「専用」のバス発着場はないのである。バスは車庫から出てきて、「公道」で一時停車し、客を乗せ終ると、すぐに走り出す。これは、たしかに合法的で、公共の道路を有効に活用している。東京には、こういう仕かけがあったのである。

私の席は、「一番のB席」である。この席は、左右前後が迫っていて窮屈で、絶望的だ。私は通路に立ったままで、客の入り具合を見ている。私は不安で、精神的にもう疲れてしまっている。ユーウツというのはこの時のための言葉だ。

と、窓の外を見ると、吉島さんが手を振っているではないか。そして車内に入ってくる。

「客は、半分くらいです。発車したら、うしろの席に移って、寝ころばれたらいいのです。一番うしろ、向う、見えるでしょう。あそこにはお茶も用意してあります。熱いからやけどしないようにしてください」

吉島さんは、私のことを気にしていてくれていたのである。いつも心はやさしく、こまやかである。吉島さんは何よりも、見えなくなるまで人は見送らなければならないと考えている。お父さんやお母さんだって、そうだった。「見えなくなるまで見送る」。これはまさしく、茶人の心というか、旧家の礼儀作法なのである。「ハイ、さよなら」と、左右に別れるなどということはしない。

「僕は、バスを追っかけて走りますからね」

「諏訪《すわ》」のあたりで陽は暮れて、都合五時間ほど走り、八時ころ高山の通称「バスセンター」に着く。ここは、JR高山駅の前。人気《ひとけ》がまるでない。しかし「専用のバスターミナル」がある。外では、車を止めて細江さん夫婦が待っていてくださる。急行バスは二十分も早く着いたというのに。バスを追っかけてきた吉島さんが、「平湯《ひらゆ》」から細江さんに電話してくれていたのである。

実をいうと、高山行きの目的には四つあって、その四分の三は、この細江さん夫婦にお会いすることなのである。

吉島さんは、「生きていて、すみません」と、大宰治《だざいおさむ》のような風情《ふぜい》で、腰を低くしてひょこひょこと歩く。

ところが細江さん夫婦は違う。

「生かしてもらっているだけで、ありがたいと思っています。子供たちも、みんな一生けんめいに手伝ってくれ、皆さんからも親切にしていただいています。幸せで、いつも感謝しています。買物ですか。陣屋前の朝市です」

なおここで、「子供さん」とは、ご養子さんと事務所で働いている人たちの事である。この子供さんの躾《しつ》けはよく、礼儀正しい。「今どきの若者」などという言葉は、ここでは通用しない。

吉島さんのとこへ行ったのは、三日目の十月四日の午後である。鍛冶橋の袂《たもと》の「みたらし団子屋」をたしかめる。宮川を横切ったのは、弥生橋《やよいばし》のほう。この橋の下を、宮川が流れる。思えば大正末年までの吉島家は、この川の水脈の水を汲んで酒を造っていた。

橋を越え、三十メートルくらい歩いて左へ入ると、日下部《くさかべ》さんの家と吉島さんの家が並んでいる。両家の前は、畳屋さんを除いて、そのほかはみな土産物《みやげもの》屋であるけれど、五十年ほど前までは、大工さん、左官屋さん、井戸掘屋さん、土工事《どこうじ》屋さん、それにラウ屋が軒を並べていた。吉島さんの家も、こういう方たちの貢献があって、管理できていたのである。そして最近の畳の表替《おもてが》えだって、ここの畳屋さんにしてもらったのである。大戸口《おおとぐち》から入る。受け付けの女性の方に、

「今日は」である。

「土蔵にいますから、すぐ電話します」

もちろん吉島さんのことである。

私は、ドージ（土間）の左隅に立つ。そこは、四十年ほど前、かなり親しく吉島のお父さんが、「そこで立って、こちらを見てください」とおっしゃった場所である。ドージの向うに上り框《かまち》。ここで履物《はきもの》をぬぐ。上ればオエの八帖間。親しいお客さんとなら、ここで応待していたといった感じの部屋。左右に開いた障子の向うは、カズキの八帖間。カズキは「被《かず》き」だろうから主婦の部屋かと思うと、そうではなく、主人・斐文さんの居室だった。

見上げると、空中を縦横に大梁《おおばり》が飛び、大黒柱下の左右両梁の組み合せ方が、印象的だ。これはCADなどでは出来ない。ここに立ちあっている人の目のデザインである。そしてこの大梁の上に、垂直の束《つか》が林立《りんりつ》する。

ここでは構造は、ひとつのデザインそのものである事がわかる。これは、近世の町屋が創りあげた最後の傑作だ。現代の建築家は不幸だと思う。なぜなら彼等は、そういう建築を望もうにも、不可能な環境におかれてしまったのだから。

そして吉島さんは、最大の建築教育は、大学でではなく、ここで受けていたのである。そして今日になってなお、自分が生まれた家を超える住宅を造ったことはない。残念なが

ら事実はそうである。「いつの日にか超えてやろう」と、いつも対決している。「高窓《たかまど》からの光を受け、時とともに陰影《いんえい》はうつり変り、その過程のなかで、ひとときも同じ佇《たたず》まいという事はない。木組《きぐみ》の「静」と光の「動」とが静かに絡《から》みあい、うごいていく。

そして最後には、西の高窓から夕陽がさしこみ、梁と束とが、一瞬ひかり輝いたかと思うと、吹抜けの空間は、うす闇のなかに消えていく。そしてイロリの炭火から、あわい紫色の煙が立ちあがり、湯釜の白い湯気が追いかけていく」。

これは、吉島さんのお父さんが「ここから見てください」とおっしゃったであろうところの映像の風景なのである。あのときお父さんが指定された場所には、いま緋《ひ》もうせん敷きの縁台が置かれている。そしてそのお父さんは、すでに亡くなられてしまっている。着物姿のお父さんが、私の脳裡《のうり》から消えることはない。そして今の吉島さんは、あの時のお父さんの年齢を越えてしまっている。

「先生、待ってました」

ドージの奥から声がする。

「ギャラリーは出来ました。九十パーセントくらいはね」

ドージを二つに仕切る格子戸の向うに、赤い壁が見えている。それが、いわゆる「井戸端ギャラリー」だという事は、わかる。吉島さんは、奥に向って足早に歩き、赤壁を背中にして、両手を広げる（一九六、一九七頁写真）。

彼が、もし黒服を着ていたら、スタンダールの『赤と黒』と言いたいところである。コントラストがいい。

「これです」

ギャラリーの壁は、赤一色。その赤は、赤錆色《あかさび》である。この色は、吉島さんお気に入りものである。

「アクリル・エマルジョン・艶消しの赤です。白色の上に重《かさ》ねても「乗《の》り」がいいのです。同じ赤錆でもメーカーによっていろいろですけれど、私の好きなのは」

と言って或るメーカーの名をあげた。

赤の空間に置いてあるのは、一間四方（一八〇センチ）のコンパネのテーブル。まわりに椅子《いす》八脚《きやく》。控えの椅子二脚、都合《つごう》十脚。いずれも吉島さんのデザインで、自分で作るつもりであったけれど、建具屋さんに頼んだ。自分で作るなどというのは、言ってみただけと思う人がいるかもしれない。そうではない。自分の気に入ったようなデザインで仕上げるには、それが一番なのである。他人に頼むと気にかかって、気持がいらいらする。

「明後日《あさって》の夕方から、完成披露パーティを開きます。注文するおつまみ、飲み物、料理、みんな決めてあります。テーブルや椅子の配置も決めてあります。先生の席は、このあたりです。井筒《いづつ》はね、ギャラリーの名称のもとですからね、あそこは花を飾ります」

吉島さんにとっての他人は、「自分の都合に合わすべきであり」、合せてくれると信じている。

「明後日？　勘弁して、明日の夕方のバスで帰るのだから」

「延ばしたらいいですよ」

「延ばして、どうという事もないけどさ、桃紅先生のリトグラフが届いてからの方が、いいのではないの？」

「まあ、そう言えば、そのほうがいいですか」

「お祭りの方も、忙しいぜ。宵宮《よいみや》の前日だろう」

納得したようで、していないようで、吉島さんの話は変る。まだ見てもらいたいものがたくさんあるのである。

一間四方の広さの洋式便所。展示品のための倉庫。そして最大のものは、ギャラリー裏の住屋の雨もりである。屋根はシートで覆ってあるけれど、畳の上は雨水うけでいっぱいである。

「火災報知器は鳴りっぱなしですから、電源は切ってあります。国の補助をうけて、せっかく装置したというのに。

この頃、晴天つづきでしょう。雨が降っていて乾いているから、大丈夫。そう思って電源を入れる。でも鳴ることがある。湯気《ゆげ》らしいんです。

僕は、いま土蔵の方で寝ています」


廊下つづきの土蔵に出かける。梯子《はしご》階段を上る。

窓もステレオもレコードも健在である。ただ昼間は使っていないだけ。窓からのにぶい光をうけて、みんながおしゃべりしあった吉島さん風の応接セットも、そのままといっていい。

その他は、大きく変っている。一言にしていえば、かなり電子化されている。コピー機。これが家庭用というのでない。業務用の大きいものだ。テレビ、パソコン、電話、そして棚の数。そして会議用というか、仕事用というか大テーブル。

どこからこのカネは出てきたのだ。維持する経費だってなまはんかではない。どこからカネが出てきたのだ。これはまさしく「スフィンクスの謎《なぞ》」だ。電話では、「おカネがないので、雨もりもなおせません」

それから話は大きくなっていく。

「この土蔵を買い戻さなければなりません。駐車場になったとこ見苦しいでしょう。高山の町の美観のためにも、市から買いもどし、先生のために博物館を建てます。いや、世界のためにもです。

僕の頭の中には、あのあたりの土蔵の姿や構造など、みんな焼きつけられています。寸法は自立的・自動的に書けます」

井上さんがおいでになるまで、まだ三十分はある。

「吉島さん、玉手箱あるの」

「玉手箱って、なんですか」

「さあ、どういうものかね。私も、お父さんからおうかがいしたりで、見たわけではない。昭和四十七年ころだったかね」

「私が、高山へ帰ってきていたころですね」

「お父さんは、こう話しておられたぜ。高山市が借りていたこの家を返すにあたって、市役所の人が掃除をなさったろう。そのとき玉手箱を見つけたのだってさ。

座敷の床間《とこのま》うらに、三角形の狭い空間があるだろ。蟹《かに》の横這《よこば》いでしか入れないところ。その暗いところに玉手箱があった。暗いところに黒漆塗りの箱だから、よく見えない。そういう事だったらしいね。

役所の人は、箱のふたを、ちょっとすかしたのだ。好奇心からね。よくあることだ。でもよその家のものを断わりもなしにそうするのは、褒《ほ》めたことではない。そのとき、

「吉島家の住宅は、煙でわずか半日で黒ずんでしまった」のだってさ。半日だぜ」

「おやじ、そんな事、言ってましたか。『高山の古狐』と同じで、先生には、いろんな事を話していたのですね」

「古狐と、同じものかどうか知らない。それは斐之さんの玉手箱で、息子の千船さんに玉手箱を渡しながら、こう言ったんだって、

「玉手箱というものは、決してあけてはならん」とね」

「浦島太郎が、乙姫《おとひめ》さんから聞かされた台詞《せりふ》と同じですね」

「同じではない。似ているだけだ。乙姫さんは「この玉手箱は」だろう。斐之さんは「玉手箱というものは」だからね」

「おやじから、僕は、そういう事、一度も聞いていません。おやじは、僕には、あんまり言いませんし、僕もおやじの事を、よく知りませんし、干渉もしませんでしたからね。おやじが亡くなってから、荷物を整理していました。なんとそのとき残っていた最大のものは分りますか。ツーショットの写真の山でしたからね」

「芸術的アベックの写真?」

「先生には、見せられんですよ」

「でも、それはお父さんの作品だぜ」

「まあ、そうですけれど——

おやじニコンのカメラを持っていたでしょう。そして本山《ほんざん》へお参りに行くといって、京都だかどこだか、行き先など知れたものでありません。カネがあれば使うことだけしか知らない人ですからね。生まれてこの方《かた》。

おやじが、私の裏の生活を知らなかったように、私も、おやじの裏の生活を知りませんでした。裏の事で分っているのは、今のとこツーショットの写真くらいですかね。良寛さんだって『表をみせ、裏をみせ、散っていく』と、おっしゃっていますからね。人間には裏表ありますね」

「それだけ分っていれば、それでいいじゃないの。お父さんも吉島さんも、お分りになっている、ということにした。そう、

『事実は、常に二つある』

とね。では、どうしてそうなるのか？

人はね「今までどうして生きてきたのか」

「これから、どうして生きていくのか」

そういう事を考えてしまう。そこまでは、誰でもと言っていいくらい、一度はするものだ。けれど、それをどう評価するかは、人によって違うだろう。多分。私はそう感じている。

人生観が違えば、違うだろうし、

道徳心を持っていれば、いない人とでは違うだろう。

欲望を持っていれば、その大きさによってさまざまだろう」。

「だから事実は二つあるのかもしれない。けれど、真実はひとつという事ですか。納得《なっとく》

できます。私自身が、そうですからね。

先生は、思いやりがあるから、私の生活の半分だけ省略して、話をしてくださいますからね。安心しています。今度の本だって半分でしょう」

「でも吉島さん、玉手箱は見たこともないし、あったとしてもどこにあるのか分らないと言う。七代目休兵衛として、どうしようもないね。

乙姫さんは、むかし、浦島さんにこう言ったろう。

「あなたは、若い。若いのだからタイやヒラメの舞い踊りを見て、青春を謳歌《おうか》しなさい。楽しんで、したい事をする。これは、若い人の特権です。この龍宮城《りゅうぐうじょう》は、それにふさわしいところです」

でも海の上の現世《げんせ》の陸地は、別だ。そこでは「時《とき》は、過ぎに過ぎゆく」。

人間は歳をとらなければならない。

人間は老いさらばえなければならない。時というのは「残酷」なのだ。

吉島家住宅だって、人間と同じだろう。でもさすがは斐之さんだ。斐之さんは先を考えこう言ったのだ。息子の千船さんと、まだ小学生の重平さん、つまり吉島さんのお父さんの前に、玉手箱を置いてこう言いきかせたのだ。

「この家を、美しく歳をとらせよ。

この玉手箱は、開《あ》けてはならない。

なぜなら、このなかには老いが封じこめてあるからだ」

老いとは「醜《みにく》い老い」のことだ。

「美しい老い」は、時を越える事ができる。

この家は、竣工して三年。まだ赤坊《あかんぼう》だ」

そうだ。この話は、明治の終りころの話だからだね。この家で報恩講《ほうおんこう》が行なわれ、高山の町どころか、古川《ふるがわ》や丹生川《にゅうがわ》の人たちもお参りしたころの話だからね。

毎日、障子にハタキをかけ、ホウキで部屋の掃除をし、腰障子《こししょうじ》や柱は雑巾《ぞうきん》で空拭《からふ》きする。年に一度、十二月十三日ということだ。その時には梁と束《つか》を空拭きする。畳の縁《へり》や敷《しき》居《い》を踏むことはしない。

そして欠かしてはならない事が、もひとつある。それは、仏前に花と水を上《あ》げ、灯明《とうみょう》をともし仏飯《ぶっぱん》を供え、合掌《がっしょう》する。祖先の霊にたいしてだ。考えてみるとよい。両親とその先の先の両親。辿れば終りはない。その祖先がいて、私たちがいるのだ。そして私たちは子孫のために存在している。

人だって家だって同じだろう。この家は、私ひとりの力だけで出来たわけではない。何よりも棟梁の西田伊三郎さんと内山新造さんを、忘れてはなるまい。

この家も、やがて「青春の日」を迎えるだろう。そして青春というものは、誰でも讃《たた》え、そこに住んでいる人たちは、乙姫の「あなたは、まだ若い」という甘い言葉に、おぼれ浮かれやすい。でもそうなって欲しくはない。だから、も一度、言っておこう。

「玉手箱には、この家の老いが封じこめてあるのだ」

「老い」とは、「老いの醜くさ」のことではない。「醜い老い」のことだ。そしてもし「醜い老い」も「美しい老い」も、どちらにするかは、すべて人間だ。分ったな。

玉手箱は、この家のどこかにあったのだろうね。そして今でもあるのだろうね。私には、どこかにあるようにみえる。吉島さんのお父さんは、造り話をしたとも思えない。高山の古狐と同じようにね。それとも、見えないとこにあるから、見えていないだけかな」

「先生――」

「何さ？」

「分りました。玉手箱のあるところ。知っています」

「分ってもあけない方がいいと思うな。まだ煙がこもっていると思うからな」

「でも少し洩れてしまったようですね」

「そうだね。近代人は、完成した時が美の頂点で、それから美はおとろえていくと思っているからな」

「完成は、美の出発点だったのですか」

「お父さんもお母さんも、そうおっしゃっていたぜ。いっしょうけんめいに、磨いてまいりました」

と、吉島さんの右ポケットの携帯電話が、震《ふる》えているらしい。ポケットに右手をつっこんだから分る。

「吉島さん、電話でないの？　井上さんからかもしれないぜ」

「どうでしょうね。井上さんなら、直接この土蔵においでになるでしょう。そう伺っています」

「井上さんは、知的な美女だということだぜ。断《こと》われない。出演して下さいとおっしゃったのなら断ってはいけない」

「僕は、そういうものには、むかんのです。ディレクターですか、アナウンサーですか、ああいう人の質問の内容は、決まっとるのです。表現が違っても、型はひとつです。

例えば『吉島家住宅の見どころは』というのでしょう。目の前にあって感じるものがあったら、それで十分でしょう」

「メディアではね、顔や声が出ていればいいのだ。声が出なかったら、口を動かしているだけでもいい。テレビでは、それで吉島さんが話していると勘違いする。でも、そういう事はどうでもいい。吉島さんは、出演しているだけで、存在感があると思うな」

「僕は、タレントではありませんからね。質問されれば、いろいろ考えます。例えば、都庁舎をこわしたら、公害の山だけれど、私の家はこわれても、土に帰るだけ。これは、エコロジーそのものです。まあそれくらいの事くらい。でもこう答えたら、現代建築にたいして僭越で、大先生や大先輩に対して失礼でしょう。それに『井戸端ギャラリー』。これはいい。壁は赤色で、絵になる。吉島家住宅の隙間《すきま》を生かして、見事な空間ではありませんかというのですからね。今度の仕事も最悪です。僕にとって。創る時には、我を忘れて打ちこんでいます。たしかに。でも、創った後は、苦しみばかり背負《しょ》いこむ。でしょう」

「吉島さん、分ってる。いつもの事だ。いま始まった事ではない。吉島さんが、願っているのは、こういう事だ。そうだろう。

主《しゅ》よ　明日の重荷《おもに》は　何ですか

苦労のない日は　恐ろしいのです

苦労のない日は　　　困るのです
こうしてお願いして　いるのに
いっこうにお声が　　ございませんね
主よ、お耳が遠く　　なられては
僕に　救いはありません」。

吉島さんも、翁《おきな》の仮面をつけ七代目・休兵衛を襲名した。要するにそれは、六十年の歳を重ねたということにすぎない。

その間に悦楽と地獄への旅を遍歴《へんれき》し「慈悲を」とか「助け給え」と叫んだこともあったが、神仏はいつもこう言い渡して、つき放した。

「吉島家住宅に降参したのだから、神仏にお願いするのは僭越《せんえつ》で、お恵みなど当てにしてはいけません」

彼の夢は高く美しかったけれど、叶うことはなかったと言っても「まあそうだったね」という事だろう。それでも夢は残っている。実現することのない夢の事だ。設計と家業とつきあいに勵み、赤字で首がまわらなくなるまでやめないという高貴な精霊が、彼の心の中に宿っているから、夢は持てているのだ。

口絵／吉島忠男の建築デザイン

●鈴木邸（歪な方型の家）
所在／東京都世田谷区桜上水
竣工／1976年
設計／吉島忠男
施工／垣内工務店
構造規模／木造2階建
敷地面積／132・28㎡
延床面積／123・09㎡（1階／79・17㎡　2階／43・92㎡）

外観

玄関

●向井邸
所在／岐阜県高山市花岡町
竣工／1980年
設計／吉島忠男
施工／堀口工務店
構造規模／木造2階建
敷地面積／295・79㎡
延床面積／188・58㎡（1階／136・74㎡　2階／51・84㎡）

外観

離れから庭を見る

和室から居間を見る

居間

●かふぇ・ど・おんせん（喫茶店）
所在／岐阜県益田郡下呂町
竣工／1987年
設計／吉島忠男＋川口剛（VACOM）
施工／金子工業＋都竹力三（担当：熊崎喜代次）
構造規模／鉄骨造2階建
敷地面積／281・23m²
延床面積／314m²（1階／168m² 2階／146m²）

外観

188・189頁写真／岡田泰治

2階喫茶室とバルコニー

喫茶ラズリー

喫茶田園

●ラズリー（喫茶店）
所在／岐阜県大野郡清見村
竣工／1988年
設計／吉島忠男＋秋山悠
施工／林工務店（担当：溝上隆一郎）
構造規模／鉄骨造1階建
敷地面積／870㎡
延床面積／54・59㎡

●田園（喫茶店）
所在／岐阜県吉城郡国府町
竣工／1996年
設計／吉島忠男＋坂本晃
施工／丸仲建設（担当：住祐治）
構造規模／鉄骨造2階建
敷地面積／459㎡
延床面積／160・2㎡（1階／106・24㎡　2階／53・46㎡）

●AGE美容室
所在／名古屋市名東区猪高町
竣工／2000年
設計／溝上隆一郎＋吉島忠男
施工／フィールドワーク
構造規模／鉄骨造2階建
敷地面積／254・6㎡
延床面積／139㎡（1階／87㎡　2階／52㎡）

AGE美容室

●新向井邸
所在／岐阜県高山市岡本町
竣工／1991年
設計／吉島忠男＋杉崎忠博（RECT設計）
施工／飛騨建設（担当：中田秋夫）
構造規模／鉄骨造2階建
敷地面積／1181・8㎡
延床面積／667・94㎡（1階／427・78㎡　2階／240・16㎡）

外観

居間

和室入口

和室

茶室

茶室入口

●篠田桃紅・井戸端ギャラリー
所在／岐阜県高山市大新町
竣工／2000年
設計／吉島忠男
施工／都竹力三
延床面積／55㎡

ギャラリー

井戸端とギャラリー

あとがき

一棟の建築、一軒の民家に出会う。出会う理由は、何であってもよい。偶然であっても、いいし、狙って行って参観料とか入場料を支払うという事でもいい。

その最初のわずか一回の出会いが、訪問者、建物、居住者の人生の道の方向を変えてしまう事があるだろうか。

その答えは、多分さまざまだろう。「忘れてしまった」「ただそれだけで終る」から、「たしかに変ってしまった」まで。

三十年後に訪れたら、建物はなくなっていたとか、家族のうち生きていたのはおばあさん一人だったとか、当の訪問者は孫に連れられて車椅子だったとか。国の文化財として指定され、家族は栄華を取り戻し、訪問者は長官だったとか。

稀に訪問者、家族、建物の三者は、周囲の人や行政を巻きぞえにし、泥沼の関係に陥っていて、相変らずもがいている事だってあるだろう。

電話がかかってくる。解決策などありはしない。「蟻地獄は底なしだな。話しあっているだけが気休めにしておこう」という事になっている事だってある。

そういう時に重要なのは、建物それ自体をよく知っている事だ。価値というのは、人間が創ったものはすべて価値があると思っているだけでかなり十分と思っているから、評価などというのは信じない。

しかしそうした知識や評価より重要な事は、それにかかわっている人の「哲学」を知ることだ。

戦争中のサイパンの日本兵と民間人は、降伏する事を拒んだ。ひとりの婦人は追いつめられ、黒髪を梳《くしけず》り終ると、断崖から飛び下り自殺した。バンザイ・クリッフといわれている場所が、そこである。

アメリカには、降伏しても許される場合があるという哲学があった。日本には、降伏は恥以外の何ものでなかった。たしかにこれは、哲学の差だ。人の生死さえ、哲学が決めることがあるのだから、建物の生死も哲学が決めて普通だろう。

私は吉島家住宅を訪れて、自分の人生の道は、少し曲ったかなという印象をもっている。そしてこの本を書いた動機のひとつは、ここにあったかなという感じがある。

飛騨の高山に、蟻地獄があるとは知らなかった。黒のポロシャツを着た男、つまり私は、その蟻地獄に辷《すべ》り落ちてしまったのである。今風《ふう》の人にいわせれば、「はまりこんでしまったのでしょう」という事らしい。

そして蟻地獄の主《ぬし》・ウスバカゲロウは、先代の吉島休兵衛・重平《じゅうへい》さんだったのである。幸いなことに、「やっとこ」状の顎《あご》で喰いちぎられるような羽目《はめ》にはあわなかった。昭和三十年ころの事である。

二度目に訪れたのは、晩夏というか初秋というか、午後の陽はようやく上座敷の縁《えん》にさしかかり、乾いた風が駈けぬけていく。先代の休兵衛さんは、まず坐られる。腰の扇子《せんす》を前に置き、頭を畳にすりつけんばかりに下げておっしゃった。

「ありがとうございます。私の家の事をよく言って下さって」

私は、よい事を申しあげたわけではない。思った通りの普通の事を、書いただけの事である。

ここでいう「家」とは、いわゆる「吉島家住宅」と称される建物であり、同時にそこで住み生活をされてきたのであり、そうされている当時の家族の人たちのことであろう。「家」というのは、そのように二つの意味に使われている事は、今も昔も変りはない。

この本の主人公の休兵衛さんは、最初にお会いしたこの休兵衛さんではない。そのお子さん、つまり七代目・休兵衛・忠男さんである。当時の七代目は、まだ襲名していないから、ただの忠男さんで、まだ少年である。あとから忠男さんから聞いた話であるが、当時の彼は吉島家に「怒《いか》っている高校生でした」という事である。

私がいかにこの休兵衛さんと親しかったかは、次の一件で理解していただけるだろう。ある年のある日という事にしておこう。吉島さんは、私にひとつの贈物をしてくれた。

この時計は、なんと一日に六時間も狂ってしまう。不思議なことに、左手につけて歩くと五時間くらいですむ事もある。この高級時計なるものが、どうしてこうも狂うのか、理由はかんたん。パチンコの景品だったのである。

こういう吉島さんに、特に気を配っている人は多い。私の知っているかぎりでは、四十三人いた。

たとえば真木《まき》建設の田中文男社長である。吉島さんは、篠田監督・女優岩下志麻夫婦の自邸の設計をしたことがある。田中さんは、この自邸の施工者である。でも施工のための図面は、田中さんのとこへなかなかに届かない。田中さんも、当時は無知だった。「いかにも建ちそうな建物」の図面など、吉島さんは画くことはありえない。

これにたいして田中さんは、「八〇パーセント出来ていても、出来ていないというのだ」と説く人だ。その田中さんが、図面を受けとりに、吉島さんのとこへやってきた。

当時の吉島さんは、新宿区舟町の木賃《もくちん》アパートの一階に住んでいた。田中さんはノックして、「吉島ぁ」と声をかける。だみ声ではないが、大声であるのは確かである。

吉島さんは、居留守《いるす》をきめこむ。もちろん図面はできていないからである。しかし居留守なんていうのは、ドアーや壁で隔てていても、なんとなく分る。田中さんは、玄関ドアー前に居坐る。吉島さんの方は、ビール瓶に用を足して頑張る。でもこれでも駄目。なぜなら田中さんは、ドアーをこじあけてしまったからである。

こういう事は二人の間だけのことであるから、口外しなければいいのに、吉島さんは、高山サマーセミナーの時に、参加者の前で話してしまったのである。ために参加者から、さまざまで多くの質問が出てきた。この質問の内容は、憚《はばか》るとしよう。とにかく憚る内容の質問が出るほど、吉島さんは皆さんから愛されていたのである。いや今でも愛されている。

一九九九年七月二十四日の夜ふけである。

電話が鳴りひびく。手をのばす。

「遅いですか、起きてらっしゃいますか」

「遅いですか」などと言えたものではない。時計は零時三十八分。たとえベッドの中におられても、起きてつきあってもらわなければ、「僕は、こんばん、落ち落ちと寝ておれません」というのである。

「お手紙うけとりました。僕のことを本に書くのですか。題は『建築家・休兵衛』。僕は、建築家などという化物《ばけもの》じゃないですよ。一級建築士の資格も持っていませんしね」

「吉島さん。建築士は「行政のお伝い」をし、不動産屋は「物件」を売りこみ、建築家は「芸術作品」を創ろうと心がける。この分類に従えば、吉島さんはその建築家にあたるというのが、私の論理だ。

吉島さん。吉島さんは「使い捨ての最新流行の洋服」をデザインしようとしてきたのかね。そうじゃないだろう」

「はあ、そうです。文章は、先生とありますね」

「もちろん」

「僕の事など書くと、格が落ちるのではないですか。丹下さんとか、磯崎さんとか。それとも安藤さん、隈さんとか、たくさんほかにおられるでしょう」

「あの方たちは、生きておられる。これから何をなさるか分らない。評価は、亡くなられてからするものだ。

何よりも僕は、「追っかけ」は趣味ではない。そういう人については、書きたいという連中が、この世にはたくさんいる。私はね、新人を探り出し存在価値と意味を発見することに、賭《か》けたい。当ると信じて試みるのだけれど、外れるかもしれん。千年級の建築史は無視するかもしれん。人間のすることだ。あやまちはある」

「へへへ、そういう事なら、僕なんか問題外でしょう」

「なんて事を言うのだ。それは、私の歴史観を疑っているということだ」

「とすると僕は、少年時代のモーツァルトやデカルトみたいな存在ということですか」

「分ってるじゃない。そうなのだ」

「先生の話は、どこまで本当で、どこまで冗談で、その境目《さかいめ》が曖昧《あいまい》で、モーツァルト・デカルトまで来ると、これはまあ冗談のうちかと分るけれど。分った気でいると、わるい気がしないし、僕のウツもソウに変りますからね」

「私には、いつもソウにみえるけどね」

「先生にお会いしたからソウになっているのです。

先生にお願いがあります。本が出て、女性関係に迷惑がかからないようにしておいて下さい」

「それは、そうだ。分っている。安心してくれ。私は、ドキュメンタリー作家ではない。それに魚は三枚におろしても、その中の一枚は食べない事になっていることぐらいは知っているつもりだ」。


それはともかく、「いま」この本をなぜ書くのか。理由はいたってかんたん。二つである。

ひとつは、私は吉島さんの一家の人たちが好きなのである。

他のひとつは、義理だ。私は古い型の人間である。六代目休兵衛・重平さんが、着物姿で正座し、扇子をおかれておっしゃったあの作法を忘れてはいない。皆さんの大部分は、新しい型の方だからご存じないだろうが、扇子を置いて口上《こうじょう》を述べるのと、そうでないのとでは、言葉の内容の格が違う。さしずめ戦国武将なら命をかけて誓っているのと、なんとなく雑談を交わしているくらいの差がある。

ただ残念なことに、この本は間にあわなかった。なぜなら一九九二年という同じ年に、六代目休兵衛さんは九十二歳で、奥さんの佐意さんは八十六歳で、それぞれ冥途に旅立たれてしまったからである。時間は万人にとって平等であり、残酷な終りというものがあることは分ってはいるが、心残りである。

・

実をいうと私は、この本の主人公・七代目休兵衛こと忠男さんについては、心配なことがある。忠男さんを知っている方は、それは次の二つにちがいないと合点されるだろう。

ひとつは、吉島さんは結婚したこともないし、今もって結婚していない。「妾腹や貸腹でもいい」と言ってはいるが、それは話だけで、そういう女《ひと》の子もいない。だから今の吉島家には「跡つぎ」がいない。

他のひとつは、吉島さんは借金漬けになっていないと「心安らかに生きておれない人」だということである。だから吉島さんは、今も債務の蟻地獄に落ちこんでいる。

でもこの世には、「人は地獄へ旅してから天国へ上れ」という諺があるから、「まあ、いいかな」という言葉を口ぐせにして、私の気安めにしているのだ。

でも私が心配しているのは、その何れでもない。人間にとって価値と存在意味があるのは、勲章でもなければ官職でもないことは、誰にでもわかる。マスメディアの世界で、頂点に登りつめる事でもないだろう。なぜならこれは、その大勢《おおぜい》の無名の人たちがいて、乗っかっているのだから。

そしてこの世の人のすべてをつなげている共通項といえば、「誰もが背負わざるをえない人生」つまり生きざまそのものである。もちろん吉島さんは、吉島家住宅というすばらしい町屋を所有するという幸せを持ってはいるけれど、文字通り身を削り、日赤病院の世話になりながら七転八倒している面もある。

そういう生きざまを分ってもらえたらなと思って、私は書いた。でも僕も、吉島さんにあの手この手で悩まされて、七転八倒していることも知っておいてもらえたらと思う。

この本の演出者は、親友の立松久昌さんであり、写真は全面的に畑亮さんによるものであり、編集は福島勲さんのお世話になった。なお吉島さん設計にかかわる図面やスケッチなどは、すべて忠男さんのご好意によるものである。厚く御礼を申しあげたい。

平成十三年五月　伊藤ていじ

●写真撮影／畑亮

●図面・スケッチ／吉島忠男

著者略歴——————————
伊藤鄭爾（いとう・ていじ）
1922年生まれ
1945東京大学工学部建築学科卒業
建築史家
主な著書：『中世住居史』、『日本デザイン論』、
『民家は生きてきた』、『谷間の花が見えなかった時』、
『現代建築愚作論』（共著）、『数寄屋』（共著）、
『日本の蔵』、『日本の工匠』、『日本の庭』、『宮廷の庭』、
『借景と坪庭』、『重源』、他多数

建築ライブラリー11

建築家・休兵衛

発行日————2001年12月25日

著者————伊藤ていじ

編集室————㈲建築思潮研究所（代表　津端宏）
編集／立松久昌　福島勲　小泉淳子
〒130-0026東京都墨田区両国4-32-16両国プラザ1002
Tel.(03)3632-3236　Fax.(03)3635-0045

発行人————馬場瑛八郎

発行所————㈱建築資料研究社
〒171-0014東京都豊島区池袋2-72-1日建学院2号館
Tel.(03)3986-3239　Fax.(03)3987-3256

印刷・製本——大日本印刷㈱

ISBN-4-87460-741-1